Poema de Mio Cid

Καὶ νέους θάρσυνε· νίκης δ' ἐν θεοῖσι πείρατα.
ΑΡΧΙΛΟΧΟΣ
ΕΛΕΓΕΙΑ, ΤΕΤΡΑΜΕΤΡΑ (57 D)

Anima tú a los jóvenes: a los dioses les toca determinar el triunfo.
ARQUÍLOCO
Elegías, tetrámetros (57 D)

CÁTEDRA BASE

Poema de Mio Cid

Edición de Espido Freire

CÁTEDRA

Colección dirigida por José Mas y M.ª Teresa Mateu

1.ª edición: mayo de 2008
7.ª edición: octubre de 2019

Diseño y cubierta: M. A. Pacheco y J. Serrano
Ilustración de cubierta: Estatua del Cid en Burgos

© De la introducción y versión en prosa del poema:
Espido Freire, 2008, 2019
© Ediciones Cátedra (Grupo Anaya, S. A.), 2008, 2019
Juan Ignacio Luca de Tena, 15. 28027 Madrid

ISBN: 978-84-376-2449-5
Depósito legal: Na. 1494/2008
Composición: Grupo Anaya
Impreso en España - Printed in Spain

Reservados todos los derechos. El contenido de esta obra está protegido por la Ley, que establece penas de prisión y/o multas, además de las correspondientes indemnizaciones por daños y perjuicios, para quienes reprodujeren, plagiaren, distribuyeren o comunicaren públicamente, en todo o en parte, una obra literaria, artística o científica, o su transformación, interpretación o ejecución artística fijada en cualquier tipo de soporte o comunicada a través de cualquier medio, sin la preceptiva autorización.

ÍNDICE

9 **Introducción**

9 *De los sos ojos tan fuertemientre llorando...*
10 ¿Qué cuenta el poema?
14 El Cid, ¿quién fue?
19 Otra leyenda
19 Pero ¿a estos reyes qué les pasaba?
21 Cuestión de dinero
22 Cuestión de honor
25 Esta edición

27 **Poema de Mio Cid**

29 Cantar I. Cantar del destierro de Mio Cid
61 Cantar II. Cantar de las bodas de las hijas del Cid
93 Cantar III. Cantar de la Afrenta de Corpes

131 **Después de la lectura**
131 De la deshonra a la gloria

INTRODUCCIÓN

De los sos ojos tan fuertemientre llorando...

Ésta no es una historia corriente de un héroe más. A diferencia de otras literaturas, que han conservado o han creado figuras magníficas, héroes de amor, de fuerza o de astucia, la literatura española ha preferido personajes que surgían en un momento determinado para solventar un problema y que se hundían luego de nuevo en el anonimato. Y ha preferido, sobre todo, la figura del *pícaro*, el gran perdedor cínico, irónico y, en el fondo, de buen corazón.

El Cid, el *Poema de Mio Cid,* es una de las pocas excepciones y, aún así, es un héroe diferente. Desde el primer verso del poema queda claro que nos enfrentamos a un señor muy peculiar. Llora, se le ve con los ojos llenos de lágrimas cuando mira por última vez las posesiones que deja atrás, en su tierra. A los héroes se les permite llorar siempre que no sea por dolor físico, pero no es demasiado frecuente que lo hagan.

Cuando encontramos a Rodrigo Díaz de Vivar ya no es un hombre joven. Por lo general, las historias de caballería, o los cantos a los héroes, siguen el progreso del protagonista desde que es casi un adolescente hasta que consigue la gloria y a la princesa. Mio Cid ya tiene cierta gloria y, por supuesto, a la princesa, doña Jimena. Es un hombre instalado, con dos hijitas, muchos caballeros leales y algunas riquezas.

De pronto, pierde todo eso.

El rey se enfurece con él. Hay enemigos que intrigan, mentiras y la cólera real, que en un momento puede enviar a un hombre a la desgracia. El Cid, aunque el poema no explica bien por qué, sufre el destierro, la pérdida de sus bienes y el alejamiento de su familia. Este poema cuenta cómo los recuperará, uno a uno, y cómo logrará incluso incrementarlos.

¿Qué cuenta el poema?

El *Cantar de Mio Cid*, o *Poema de Mio Cid*, es un poema o cantar de gesta que se centra en los años de madurez del Cid, un personaje relevante y muy conocido del siglo XI español. Se inspira libremente en su vida, y manipula o cambia varios hechos. Está escrito en lengua romance, y es un poema narrativo muy amplio para la época.

Se compuso alrededor del año 1200, relativamente pronto tras la muerte del héroe, y no es el único texto que se ocupa de él. Las aventuras del Cid eran famosísimas, y se extendieron a poemas como la *Crónica de veinte reyes*, el *Epitafio épico del Cid*, *Las mocedades del Cid* o el *Romancero*.

Como todos los poemas de estas características, se desconoce el nombre del autor, pero el copista del ejemplar conservado se llamaba Per Abbat, y firmó al finalizar el poema en 1207.

Consta de 3.730 versos, divididos en dos hemistiquios por una cesura o pausa en mitad del verso. Muchos de ellos tienen 14 o 16 sílabas, y la cesura los convierte en octosílabos, una de las medidas preferidas en la poesía española.

Además, los expertos han dividido el poema en tres partes o cantares.

1. Primer cantar. Cantar del destierro (1-1084)
2. Segundo cantar. Cantar de las bodas (1085-2277)
3. Tercer cantar. Cantar de la Afrenta de Corpes (2278-3730)

Introducción

La historia cuenta la caída y el ascenso del Cid, su fama y su gloria, siempre gracias a su fuerza y su valor a través de múltiples problemas.

En la primera parte, el Cid, expulsado de Castilla, abandona todo lo que posee y a su familia. Los enemigos del rey le han difamado, pero el rey les ha creído, con lo que ha perdido el favor real, y, por lo tanto, su honor se encuentra en entredicho, la peor circunstancia para un caballero como él. Nadie quiere acogerle. Incluso una niña, que sale llorando a su encuentro, le pide, por favor, que se vaya, para que nadie salga perjudicado. Pero pronto se repone, e inicia una serie de batallas con su pequeño ejército de fieles, en las que sale victorioso. Tras cada una de ellas le manda un regalo al rey y le suplica clemencia. Pero aún es demasiado pronto para ello.

Este cantar es conmovedor y dinámico: habla de la pobreza repentina del Cid y de cómo en cuestión de días debe explotar todos los recursos a su alcance. La fuerza, su poder, sus relaciones con la Iglesia, a quien encomienda a sus niñas y a su mujer, y, sobre todo, el apoyo de sus amigos. Aunque da libertad para que quien quiera le abandone, sus vasallos continúan con él. No ha salido del reino cuando ya se le ha unido más gente, que ve este destierro como una oportunidad de riqueza: exactamente como lo ve el Cid.

Hay además un engaño a dos judíos, con el objeto de conseguir dinero, idea de Martín Antolínez, uno de los caballeros más mañosos y ocurrentes; en este primer momento todo vale, porque se lucha por la supervivencia, y esos primeros momentos serán cruciales para que el Cid, sin rey y sin honor, pueda reconstruir su honra.

En la segunda parte (el Cantar de las bodas), el Cid se dirige a Valencia, una ciudad rica y estratégicamente muy importante, que se encuentra bajo mando musulmán. Como todo lo que se propone, logra conquistarla. Su situación ha cambiado tanto que envía a su mejor amigo, Álvar Fáñez, a que se entreviste con el rey, y, cargado de regalos, que negocie de nuevo el perdón. El rey accede a que se lleve a su familia a Valencia, con él, y perdona al Cid y a sus hombres. Dos hijos de una familia noble, los infantes de Carrión, ven el provecho de la situación debido al ascenso del Cid, y le piden al rey que los case con sus hijas. Ante la petición del rey, el Cid accede, aunque no sea de su gusto ni confíe en los infantes.

Las hijas del Cid, aún muy jovencitas, tienen unas bodas espléndidas en Valencia.

Sin duda, este cantar es el más optimista, el más glorificador. El Cid parece en estado de gloria. Durante muchos años ha sembrado aliados, y ahora le responden. Además, su fama de buen guerrero y de vencedor clemente, le ganan incluso el favor de los musulmanes a los que conquista, que se sienten más seguros con él que con otros protectores. Las escenas de batallas gustarán a quienes gozan con la acción; además, en esta parte se encuentra puro el llamado «espíritu de frontera»: debido a las circunstancias del momento, y a lo inestable de la situación política, un buen guerrero que se moviera bien en las fronteras entre moros y cristianos podía enriquecerse rápidamente y ascender de clase social.

Cuando el Cid conquista el alcázar de Valencia nos encontramos casi con la admiración de un nuevo rico que acaba de comprar su primera mansión, y de forma muy similar reaccionan las niñas, sus criadas y doña Jimena, que apenas puede creerse su suerte. Entre líneas puede leerse la riqueza y el refinamiento del botín que obtienen de los saqueos a los musulmanes: telas, cueros, monturas, tiendas... Del tosco guerrero que atraviesa Burgos sin que nadie le ayude al sofisticado dueño de Valencia, con sus inmensas cantidades de dinero, sus lujosas propiedades y su nuevo poder, hay todo un mundo, logrado en muy poco tiempo. No es de extrañar que tiente a los infantes de Carrión.

De los infantes de Carrión se sospecha pronto que no son trigo limpio. Alguien que reaccione tan rápidamente ante el dinero no puede albergar buenas intenciones, por muy noble y reconocido que sea. Poco a poco se nos va contando que pertenecen a una buena familia, que son guapos y bien educados, pero también que son fanfarrones, gastadores e interesados. El rey no parece ver nada de eso, y el Cid, que acaba de conseguir su favor, no desea o no puede oponerse directamente. Pero pese a lo fastuoso de las bodas, hay un presagio de mal agüero que pende en el aire...

En la tercera y última parte, las cosas se tuercen de nuevo. Los infantes de Carrión, tal y como el Cid sospechaba, son unos cobardes que no muestran valor en la batalla y que ante un león que se escapa en el castillo del Cid se esconden y se escapan. La cobardía era un pecado imperdonable en un caballero, y mucho más entre los hombres del Cid, acostumbrados a luchar en batallas importantes y peligrosas. Aunque se contienen, pronto comienzan las bromas, y los infantes se sienten humillados. Para vengarse, con la excusa de mostrarles sus posesiones, se marchan de viaje con sus mujeres y, en mitad del camino, en el robledal de Corpes, las maltratan hasta que las creen muertas y las abandonan allí. Un primo suyo las rescata, y las chicas sobreviven. El Cid pide justicia al rey, y se organiza un duelo ante toda la corte entre los condes y los hombres del Cid. Uno a uno, los malvados son derrotados, privados de su fortuna, y las bodas deshechas. Las hijas del Cid se casarán ahora con los infantes de Navarra y de Aragón, y el poema finaliza con la gloria máxima del Cid.

El tercer cantar es una obra maestra de sutileza y de complejidad. Queda claro que quien fuera el que compuso este poema conocía bien las leyes y el derecho de la época, y que es capaz, pese a todo, de hacerlo interesante.

Nos encontramos, primero, con unos infantes de Carrión completamente impresentables: frente a Álvar Fáñez, por ejemplo, noble y escrupuloso hasta la exageración, o a cualquiera de los otros muchachos, como el sobrino del Cid, que es de pocas palabras, pero cumplidor, los infantes son presumidos, fatuos, cobardes y lloricas. En la batalla no dan la cara, pero, lo que es peor, mienten. Cuando una de las mascotas del Cid, un león, se escapa de su jaula, no dudan en ocultarse en las letrinas, o donde sea, sin pensar en defender a sus mujeres o al Cid, al que deben lealtad. Era muy común en esa época que los leones habitaran los palacios, como señal de nobleza y de gallardía: mucho tiempo después, también don Quijote se encontrará con un león.

Estos animales solían ser viejos, o les habían arrancado los dientes. Aún así, un animal de esas características debía inspirar mucho respeto. Los vasallos del Cid cierran filas en torno a él, que estaba en plena siesta, y el propio héroe toma al león de la melena y lo lleva a la jaula, lo que demuestra que el animal estaba domesticado.

Es de imaginar que tras esa demostración pública, las risitas y los comentarios estarían asegurados. Lo peor, sin embargo, es la convicción de los infantes de haber cometido algo deshonroso e impropio, y las justificaciones que se dan el uno al otro. Con el tiempo olvidan que fueron ellos quienes presionaron para casarse, consideran que el dinero del Cid es suyo y que quienes han hecho un favor son ellos, al ser las niñas inferiores en rango nobiliario.

Como todos los cobardes hacen, se vengan en el más débil, y así traman un plan terrible: ya que no pueden hacer nada contra el Cid, se llevan a las chicas, con las que han vivido felices hasta entonces, y las azotan. La descripción del poema es brutal, y cuenta cómo las dejan medio desnudas y las golpean con látigos y con espuelas, les rasgan la carne y brota la sangre. Posiblemente esa descripción encubra también una violación. Cuando se han hartado de pegarles, las dejan allí para que los lobos y las aves carroñeras las devoren.

Esa escena es terrible y, además, de una crueldad altísima. Las propias chicas, que se temen lo que viene, les piden que las maten: saben que de allí no van a escapar. Resulta muy fácil de imaginar el pánico de las dos jovencitas cuando sus maridos, en quienes confiaban, pero a quienes conocían muy bien, les dicen que las van a golpear hasta la muerte. Doña Elvira y doña Sol han crecido en un ambiente guerrero, con un padre militar, y saben que no bromean. Ya que no pueden evitarlo, suplican que acaben pronto.

Pero las chicas no mueren. Por suerte, son rescatadas y, por supuesto, su padre las vengará. En un duelo cuerpo a cuerpo, el *riepto*, y ante los jueces y los nobles de la corte se les despoja a ellos, a su familia y de refilón al principal enemigo del Cid, que los apoyaba, de todo su poder. El final, por lo tanto, es feliz y casi apoteósico, y nadie podría aspirar a más.

El Cid, ¿quién fue?

El Cid existió. Se llamaba Rodrigo Díaz y nació en el barrio de Villentro, en el pueblo de Vivar, un pueblo a ocho kilómetros de Burgos por la carretera de Santander, que en la actualidad cuenta con unos 140 habitantes. (Puedes visitar su web en www.vivardelcid.com).

Se cree que fue en 1043, pero los distintos estudiosos dan también otras fechas. Sus antepasados eran nobles castellanos que habían levantado el castillo de Burgos. Su abuelo paterno, por ejemplo, había fundado el barrio en el que él nació. Es decir, procedía de una nobleza infanzona, guerrera, sin título propio, pero con posesiones, ambición y un pasado glorioso.

Era hijo de Diego Laínez y de Teresa Rodríguez. El padre, un noble guerrero, murió pronto, de manera que el joven Rodrigo se educó, por los contactos que su madre tenía, en la corte del rey Fernando I de Castilla, como parte del séquito del príncipe Sancho, un privilegio al alcance de muy pocos.

Aunque Sancho era varios años mayor, pronto se convirtió en su mano derecha. Fue investido caballero en 1060 en Zamora, y a partir de ahí intervino en diversas batallas, como aliado de distintos reyes, tanto moros como cristianos, ya que ésa era la política de Fernando I. Una política, por cierto, dificilísima de aprender luego en las clases de historia, por su complejidad y por lo alejada en el tiempo que nos queda.

El rey Fernando murió en la Navidad de 1065, y su testamento provocó grandes problemas entre sus herederos: en lugar de seguir el derecho visigodo, que obligaba a legar todo el reino a un heredero, dividió sus territorios entre sus cinco hijos. Sancho pasaba a llamarse Sancho II y heredaba la mayor parte del reino: Castilla y las *parias* (los impuestos) de Zaragoza. A Alfonso le dejó León y las *parias* de Toledo; a García, el reino de Galicia, parte de Portugal y las *parias* de Sevilla y Badajoz. A sus hijas les legó el señorío de todos los monasterios del reino y, además, la ciudad de Toro a Elvira, y la de Zamora a Urraca. Nadie quedó satisfecho con ello, en especial Sancho, que deseaba reunificar el reino.

Cuando en 1065 Sancho fue investido rey de Castilla, nombró a Rodrigo alférez real: ese puesto lo dejaba al mando del ejército del rey. A partir de ahí su reputación creció y creció: en 1067 recibió el título de *Campeador* al vencer en un combate cuerpo a cuerpo al alférez real del rey de Navarra. Sólo tenía veintitrés años. Pese a su juventud, comenzaba a ser ya conocido con la expresión árabe *Mio Sidi,* o *Cid:* mi señor.

Tomó parte y encabezó las distintas batallas que Sancho II llevaba a cabo contra sus hermanos; Alfonso fue capturado y García, dominado, pero, mientras tanto, parte de la nobleza leonesa se sublevó y se puso bajo el mando de la infanta Urraca. Rodrigo, junto con su señor, inició el sitio de la ciudad, pero, mientras intentaban dominar Zamora, el noble Bellido Dolfos asesinó al rey Sancho.

El reino se quedaba en una posición muy complicada, sin rey en Castilla, con los reyes de Galicia y de León enemistados y desterrados, y tras años de luchas entre herederos hermanos que se habían aliado y traicionado mutuamente. Los nobles decidieron nombrar a Alfonso como el próximo rey: sin embargo, la sospecha de haber sido el instigador del asesinato de su hermano planeaba sobre él, de manera que en 1072 le tomaron juramento, en la iglesia de Santa Gadea de Burgos, de que no había intervenido en la muerte del rey Sancho. El Cid, como alférez real, fue el encargado de ello.

(Puedes leer el romance «La jura de Santa Gadea» que habla de la jura y el destierro del Cid).

Aunque la tradición y el poema indiquen que el rey se sintió humillado, y que ésa fue la razón por la que desterró al Cid, los hechos indican que eso no ocurrió así: a Alfonso no le quedaba más remedio que pasar por ahí si de verdad deseaba el reino, y lo lógico era que un representante del ejército hiciera el juramento.

Al contrario, Alfonso VI acogió con los brazos abiertos al joven, al que deseaba tener satisfecho y a su servicio. Era, por así decirlo, el hombre de moda. Sin embargo, no se fiaba del todo de él, de manera que su comportamiento hacia él mostraba altibajos. Le sustituyó como alférez real por alguien de su confianza, pero dos años más tarde lo casaba con su sobrina doña Jimena, que provenía de altísima alcurnia: era obligación del rey el buscar una buena esposa para sus servidores, y él le encuentra la mejor. Con la dote de la novia, y las ochenta villas que aporta el novio, se convirtieron en una de las familias más ricas e influyentes del reino.

(El romancero indica que doña Urraca y el Cid estaban enamorados o, al menos, que ella lo estaba y que sufrió mucho cuando Rodrigo se casó con Jimena. Puedes leer el romance «Urraca y Rodrigo»).

El Cid y doña Jimena tuvieron tres hijos (María, Cristina y Diego), y no dos, como dice el Cantar (Elvira y Sol). Durante esos años, se convirtió por derecho en señor de Vivar y actuó como juez en varias causas.

Mientras tanto, las relaciones del Cid con el rey se complicaban: los cortesanos intrigaban en su contra. En ocasiones el rey le enviaba a misiones, como el cobro de *parias,* que en el fondo escondían una estrategia para desequilibrar los reinos de Taifas, y se veía atacado por tropas que, en un complicado sistema de alianzas, el propio rey mantenía. El rey, a su vez, se enfureció por un saqueo que el Cid causó en Toledo, en el que al parecer se excedió. Además, fue acusado de quedarse con parte de las *parias* que recaudaba.

En 1081 el rey rompió la relación de vasallaje con el Cid y lo desterró fuera de Castilla. Su familia, en cambio, podía permanecer en sus tierras, de manera que se quedaron en el monasterio de Cardeña, mientras que Rodrigo salió solo, con su ejército, y, como era de esperar, buscó inmediatamente otro rey al que servir. Ya no era un caballero vasallo de un rey, sino un guerrero mercenario, que se ofrecía al mejor postor.

El primero de ellos fue el rey moro de Zaragoza, Al-Mutamin, que se encontraba en una situación parecida a la de los reyes castellanos: su padre había dividido el reino y ahora Al-Mutamin buscaba aliados contra su hermano, el rey moro de Denia, al que apoyaba el rey de Aragón.

La victoria del Cid fue total, y en Zaragoza le recibieron con honores de rey. Durante varios años más Rodrigo sirvió al rey moro, y luego a su hijo, como mercenario, con tanto éxito que cuando en 1086 el rey Alfonso VI comenzó a verse en dificultades le pidió que regresara y guerreara de nuevo para él.

En todo ese tiempo, el rey Alfonso había continuado con su política de alianzas y traiciones, y por fin había conseguido la ciudad de Toledo. Los reyes moros, preocupados por su exceso de poder, le atacaron y vencieron en Sagrajas, donde casi lo mataron. Eso, a su vez, hizo que los reyes cristianos se aliaran, al verse en peligro, y desearan tener al Cid a su lado.

La reconciliación del rey con el Cid se ratificó con la entrega de nuevos honores, que a su vez el Cid le pagó con la consecución de otras *parias* para él. En 1088, el rey moro de Valencia, Alcadir, pidió la ayuda de Alfonso VI y del rey de Zaragoza, porque el de Denia les atacaba. El Cid ganó de nuevo la ciudad para Alcadir y medió entre los reyes, pero Valencia se convirtió en una plaza tan codiciada que también Alfonso la deseaba. Cuando el Cid entró en ella, la ciudad se rindió sin lucha y pasó a ser dominio castellano.

Pero pese a esta proeza tan poco común, en 1089 surgieron de nuevo problemas con Alfonso. Mientras el rey intentaba conquistar Sevilla, la ayuda del ejército del Cid llegó tarde, parece que debido a diversos malentendidos que hicieron que las tropas de ambos no se encontraran. El rey se encolerizó, despojó de todos sus privilegios y posesiones a Rodrigo y lo mandó de nuevo al destierro.

Ésta fue la gota que colmó el vaso. A partir de ese momento, el Cid ya no sirvió a ningún rey, sino que comenzó a crear su propio señorío y siguió su propio interés. En apenas tres años, derrotó al rey de Denia, lo que comenzaba a convertirse ya en una costumbre, se hizo con el control de diversas ciudades, y consiguió que las *parias* de todo Levante se le pagaran a él, y no a los diversos reyes. Alfonso VI decidió enfrentarse a él, y envió a su general García Ordóñez, antiguo enemigo personal del Cid, a luchar. Pero García Ordóñez no se atrevió a iniciar la batalla, y Alfonso, temeroso de las represalias del Cid, le devolvió de nuevo todos sus privilegios y posesiones.

Luego, su objetivo fue conquistar Valencia, cuyo rey había sido asesinado. Lo consiguió en 1093, después de un larguísimo asedio. Impuso unas normas de convivencia que normalizaron la presencia cristiana, y se preparó para la reacción musulmana, que fue la de, a su vez, asediarlo a él.

Una vez vencidas esas tropas, y solventados algunos problemas internos, el Cid quedó como señor de Valencia. Pero no vivió en una época que le permitiera relajarse. Las luchas contra los musulmanes fueron constantes y, en una de ellas, Rodrigo envió a su hijo Diego en ayuda de Alfonso VI. Diego murió en la llamada batalla de Consuegra. Al Cid le quedaba poco de vida también. Con la conquista de Sagunto, nadie dudó de que se había convertido en el señor más importante de Levante. El Cid murió en 1099, con unos cincuenta y seis años, posiblemente de unas fiebres, sin hijos varones que lo heredaran. De manera que doña Jimena se quedó al frente de la defensa de Valencia durante tres años, mientras esperaba a que uno de sus yernos, algún caballero o el propio Alfonso VI pudieran hacerse cargo de la ciudad, desprotegida.

No fue así. Jimena abandonó Valencia con el cadáver del Cid, y las tropas de Alfonso VI, como era costumbre al dejar una ciudad al

enemigo, incendiaron y saquearon para dejar lo menos posible a disposición del enemigo.
El Cid se encuentra enterrado en la catedral de Burgos.

Otra leyenda

Los rumores, que se esparcían a través del Romancero, no se conforman con enamorar a Urraca y a Rodrigo: también dirían que Rodrigo, cuando era muy joven, tuvo que vengar a su padre, que había muerto a manos del conde Lozano. (Puedes leer el poema «De cómo el Cid vengó a su padre»). Cuando toma la decisión, no puede ser castigado, ya que es un crimen de honor, pero doña Jimena, la hija del conde Lozano, pide justicia ante el rey, porque ella se queda sin protector masculino.

Al bueno del rey no se le ocurre otra cosa más que casar a Rodrigo con Jimena. Esa actuación era muy común en la época, porque el responsable de la muerte de un hombre debía hacerse cargo de las consecuencias que conllevaba, y entre ellas estaba la de proteger a las mujeres del enemigo si no tenían quien lo hiciera. Pero para nuestra mentalidad no deja de ser extraño y cruel.

Eso explica el berrinche de doña Urraca en su poema, en el que le acusa de haberse casado con la hija de un villano y no con ella. El *Poema de Mio Cid* habla de un Rodrigo entregado a su familia, que llora y se desespera cuando se tiene que separar de ella, de manera que las interpretaciones son libres.

Pero ¿a estos reyes qué les pasaba?

Para quien intente comprender la situación política del Cantar, los problemas pueden ser muy variados. ¿Cuántos reyes había en España en esos momentos, y por qué guerreaban entre sí? Desde nuestra perspectiva actual, la situación era muy compleja: parte de la Península estaba controlada por reyes musulmanes, en pequeños reinos de taifas, y otra parte, por diversos reyes cristianos. Existía además una importante población judía, muchas veces despreciada o perseguida, que se dedicaba a oficios liberales y a préstamo de dinero.

Los reinos no eran fuertes: muchos de ellos se descomponían o se creaban de nuevo por alianzas matrimoniales o colaboraciones en guerras.

Desde 1030 en adelante, el califato cordobés, el reino musulmán más importante de la Península, deja paso a una ciudad estado. El poder estaba tan corrompido que no podían mantener el reino por más tiempo. Los almorávides, del norte de África, aprovechan el momento para invadir parte de la Península. El califato abásida también desaparece, y los selyúcidas lo sustituyen.

Por otra parte, los reyes cristianos no eran tan fuertes como para conquistar en la batalla las ciudades y los reinos que les interesaban, de manera que optan por emplearse como mercenarios y apoyar a una taifa o a otra a cambio de dinero.

Por ejemplo, el rey de Castilla y León, Fernando I, apoyó a Al-Mamún de Toledo una vez, y otra vez a Sulaymán ibn Hud de Zaragoza, que eran enemigos entre sí. Ese reino cristiano, bastante asentado, se divide en el famoso testamento del rey entre sus hijos. Lo que heredaban no sólo eran las tierras del rey, sino también el derecho a las *parias* que tenían asignadas. Su hijo apoyará a los reyes de Sevilla, pero también a Toledo, que iban contra ellos.

Así que por un lado estaban los territorios de Galicia, Castilla y León, que podían estar divididos o unidos, según el momento, el reino de Navarra y el de Aragón, los condados Catalanes, el señorío de Valencia, y diversos condados y territorios independientes. Eso, en la parte cristiana. La parte musulmana incluía Zaragoza, Extremadura y todo el sur de la Península, incluido Portugal, pero excluía Toledo.

Es también, aunque no afecte a la Península de manera directa, el siglo de las cruzadas. Los selyúcidas conquistan Jerusalén y el papa Urbano II convoca a los reyes cristianos en su ayuda. Había piratas en las costas gallegas, aunque ya no eran normandos, sino sarracenos. Guillermo de Inglaterra, el Conquistador, logra con su victoria en la batalla de Hastings la expulsión definitiva de los vikingos de sus costas.

Cuestión de dinero

A diferencia de lo que ocurrirá en la literatura de unos siglos después, en la que el gran tema es el hambre, en el poema es el dinero, en sus distintas variantes, lo que hace que nobles, ricos y pobres se muevan.

La palabra *parias* se repite con mucha frecuencia a lo largo del poema: las *parias* eran los tributos que los reinos y las ciudades árabes pagaban a cambio de la protección de un caballero o un rey, y también para que no les atacara o no interviniera.

Se convirtieron en una fuente de ingresos importantísima, porque las ciudades cristianas apenas tenían producción en esa época. Pero también tenían importancia estratégica, porque con las *parias,* el protector podía considerar que esa ciudad era prácticamente suya...

El sistema de *parias* ofrecía poca seguridad, porque a veces un defensor recibía *parias* de dos ciudades enfrentadas y elegía a cuál apoyaba. Las *parias* también obligaban a un rey cristiano a atacar a otro, si venía al caso.

Así se entiende la insistencia del poema en cómo el Cid, poco a poco, consigue las *parias* de todas las ciudades que conquista, y la gravedad de la acusación de que el Cid se las había robado al rey. Sería como una evasión de impuestos contemporánea, a grandísimo nivel.

El poema enumera con muchísimo detalle todas las cuestiones de dinero y de regalos que se intercambian reyes, nobles y ciudades. Desde el truco de Martín Antolínez para conseguir dinero en efectivo, y la ropa de lujo que consigue a cambio, hasta los mulos, caballos y tiendas que el Cid regala, o el porcentaje que cada uno de ellos se queda. El Cid siempre es descrito como alguien despegado y generosísimo, pero no nos engañemos: con ello sellaba la lealtad de sus hombres. Minaya, por ejemplo, se muestra aún menos interesado en el dinero, y por mucho tiempo se niega a cobrar nada. En ocasiones, a los caballeros les interesaba más un reconocimiento en título o en prestigio que en dinero.

Los condes de Carrión, por ejemplo, pertenecen a una familia de sangre muy noble, mucho más que la del Cid. Pero son unos presuntuosos y tienen deudas. Si quieren casarse con doña Elvira y doña Sol, pese a que pertenecen a una clase inferior, es precisamente por dinero: ellos aportan lustre y ellas ingresos. Y si se permiten tratarlas mal tiene que ver con que se sienten humillados por su padre, y con derecho a vengarse en las chicas, cosa que nunca ocurriría de tratarse de nobles.

La obsesión por el dinero se encuentra en las dotes que el Cid se promete conseguir para sus hijas, en las promesas a su mujer de que regresará más rico que antes, en los saqueos a los moros, en el modo en el que durante los viajes se obsequia a los huéspedes... muy claramente, el dinero interfiere en las cuestiones de honor.

Cuestión de honor

El honor resulta para los ciudadanos del siglo XXI un concepto muy abstracto, más propio de las películas de mafiosos que de una sociedad organizada. Sin embargo, en la época del Cid, el honor era la ideología que regulaba la vida cotidiana y que regía las relaciones sociales. Se planteaba como una serie de obligaciones, de actitudes y de conceptos que había que obedecer de manera estricta, bajo peligro de perder el honor y, por lo tanto, de convertirse en un descastado social.

Las normas del honor que regían en el XI no tienen nada que ver con los códigos de conducta que ahora consideramos aceptables. Ahora la honra se equipara a la reputación, pero entonces tenía más que ver con el origen de una familia. Si una persona mantenía el código de honor, podía alcanzar la nobleza o, al menos, delataba que provenía de ella. Los nobles, y los hidalgos, estaban dispensados de trabajar con las manos y gozaban de enormes privilegios. Esa situación se hizo insostenible siglos más tarde, cuando existían tantos hidalgos por nacimiento a los que les parecía un deshonor trabajar que pasaban hambre antes que romper el código de honor (hay un ejemplo espléndido en el *Lazarillo)*.

Los castigos por la pérdida de honor eran brutales, y muchas veces terminaban en muerte. En el caso de las mujeres, por ejemplo, ya que eran las que transmitían la sangre y tenían los hijos, su código de honor tenía que ver con ser fieles en el matrimonio y vírgenes antes de él. Así se aseguraban de que el linaje sería siempre de personas honorables. Una mujer violada estaba deshonrada, y era necesario devolverle la honra casándola con el violador, si era de su misma clase social, o matándole, si no accedía o no podía casarse. Una mujer a la que le gustaran los hombres o que se mostrara amistosa con ellos estaba deshonrada por sí misma, y era desterrada del núcleo familiar.

En el caso de los hombres, el honor residía en mantener su buen nombre, en proteger y en ocasiones ocultar de la vista de la sociedad a sus mujeres, en ser valiente en la batalla, leal al señor al que se le debía obediencia y en mantener la palabra dada.

El Cid se queja de haber sido deshonrado en dos ocasiones: en la primera, sus enemigos en la corte han vertido infundios y mentiras sobre él. El rey les ha creído y se ha sentido robado y mentido, con lo que incurre en la cólera regia, y despoja al Cid de todos sus privilegios. Por supuesto, entre ellos está el dinero y las propiedades, pero también todos los privilegios que como hombre de honor poseía. Después de que el Cid haya demostrado tozudamente en varias ocasiones su lealtad y su fidelidad al rey, éste se da cuenta de que ha sido un error y lo acepta de nuevo a su lado, recompensándole con nuevos honores, como la boda de las niñas con los infantes. Al ser ellos de linaje más elevado, los nietos del Cid poseerían mayor honor y posición social.

La segunda vez, obviamente, es tras la agresión a sus hijas por sus maridos. Ese acto va tan en contra de las normas del honor, que sólo la acusación de los infantes de Carrión de que ellas eran de clase inferior y, por lo tanto, ellos, como caballeros, podían tratarlas como quisieran serviría. Pero el rey no acepta esa excusa: las hijas del Cid han subido de clase social y, por lo tanto, y unido al resto de las fechorías de los infantes, no hay perdón posible.

Esta situación no deja de ser muy injusta: si doña Elvira y doña Sol fueran simples campesinas, los infantes hubieran podido hacer lo que quisieran sin recibir ningún tipo de castigo. La niña que le abre la puerta al Cid en el Cantar I se arriesgaba a ser asesinada o violada por oponerse al Cid, pero perdería los ojos y le cortarían la cabeza si no obedecía al rey. Los pobres no podían ampararse en el concepto del honor.

Eso lleva a una reflexión muy interesante acerca de los valores que representa el Cid. La épica siempre alaba y glorifica a un guerrero, pero en cada país esa visión cambia considerablemente: en Inglaterra Arturo y Lanzarote, en Francia Roldán, en Alemania Sigfrido, todos ellos encarnan lo que su sociedad consideraba o no aceptable. A Sigfrido, por ejemplo, lo matan por la espalda debido a las intrigas de dos mujeres, algo inaceptable en España. La importancia del amor en la épica inglesa, en la que Lanzarote pierde el favor del rey por enamorarse de Ginebra, se convierte en un conflicto económico en el Cid.

El héroe de cada épica nacional es, precisamente, el que la sociedad requiere. El caballero, considerado el mejor de los hombres, el más valiente, el mejor guerrero, sólo se puede comprender en una sociedad en la que hay amigos y enemigos claramente divididos, y no se considera al enemigo como una persona. En una sociedad que se siente atacada, la violencia se va a convertir en un recurso importante y muy valorado. Lo que se aprecia en Rodrigo es su capacidad para inspirar miedo y controlar a los enemigos, sean musulmanes, cristianos o infantes de Carrión, sean como sean.

Así, el Cid mata, según el cantar, a docenas e incluso centenares de musulmanes, con alegría y sin el menor remordimiento. Deja a las viudas y a los huérfanos desprotegidos y llorando, e incluso le dan las gracias porque había otros peores que él y que se ensañaban aún más. El Cid chantajea a los pueblos y las ciudades que conquista con las *parias:* si no se las pagan, ya saben a qué se exponen. Ese comportamiento, que ahora sería inaceptable, era común hace once siglos. Todo se medía con raseros distintos, y la objetividad era imposible.

El musulmán, como enemigo, era el fantasma principal de los cristianos, aunque el poema se esfuerza en explicar que hay amigos del Cid que son moros, y a los que confía lo que él más ama, sus amigos y su familia. Pero la mayor parte de ellos se describen como poco eficaces en la lucha, cobardes y débiles. Esa visión negativa sobre todo lo musulmán se suaviza un poco cuando se reconoce su superioridad en artesanía y refinamiento.

El Cid tima, a través de uno de sus colaboradores, a dos judíos, a los que, si hay que hacer caso, deja en la ruina. Era una costumbre común el considerar a los judíos como una raza aparte, taimados, astutos, cubiertos de dinero y tan avariciosos que sólo ese dinero les movía. El poema insiste en esa visión: timar a un cristiano sería una terrible deshonra, y, así, el Cid le repite a quienes cuidan de sus hijas y su mujer que serán recompensados. Pero no pasa nada por engañar a personas de otras religiones.

Así, cuando atrapa a un noble cristiano que decide no comer hasta que recupere la libertad, el trato del Cid es tan bueno que casi resulta increíble. Pero, al fin y al cabo, hablábamos de un noble que, aunque engreído y cautivo, no dejaba de ser cristiano y una posible alianza en un futuro.

El propio rey no presenta un retrato demasiado favorable a los ojos contemporáneos. Es el primer personaje en la literatura española que evoluciona de manera emocional, y se convierte en un personaje redondo. En un principio es un ser vengativo, maligno, que deja al Cid en la calle, sin nada y con unos días de plazo para abandonar sus posesiones y su vida. Después se convierte en el *buen rey Alfonso*, justo, noble y amigo, aunque quizás no nos guste el que el Cid haya tenido que *comprarlo* nuevamente con dinero, ni que sea tan comprensivo y poco enérgico con los infantes de Carrión, que a todas luces son culpables.

Sin embargo, hablamos de un poema espejo de una sociedad, que, aunque muy alejada de nuestros días, ha dado como resultado la nuestra. El arte no siempre es claramente moral. El resto de las virtudes del Cid (el valor, la ternura, la amistad, la constancia, la justicia) siguen siendo eternas, y muy recomendables. Y no olvidemos que este héroe, que comienza con lágrimas en los ojos, termina con sonrisa en los labios tras muchos años de lucha y de esfuerzo. Quizás ése sea el mensaje más útil que podamos extraer de este bellísimo poema.

Esta edición

La versión en prosa que ofrecemos, especialmente destinada al lector joven y con la intención de facilitar su lectura, parte de la edición del *Poema de Mio Cid,* publicada en la colección Letras Hispánicas de Ediciones Cátedra.

Poema de Mio Cid

Cantar I

Cantar del destierro de Mio Cid

I. *El adiós del Cid a Vivar (1-16)*

Con los ojos anegados de lágrimas, lloró mientras volvía la cabeza para contemplarlos por última vez. Vio las puertas abiertas y los cerrojos sin candados, las perchas sin pieles ni mantos, y sin los halcones y los azores que mudaban la pluma y que solían posarse en ellas. El Cid suspiró, lleno de dolor, y dijo, con su prudencia habitual:

—¡Demos gracias al Señor, al Padre que está en las alturas! ¡De esto sólo tienen la culpa mis malvados enemigos!

Hincaron las espuelas, soltaron las riendas. A la salida de Vivar, una corneja voló a la derecha del camino, y cuando entraron en Burgos, la vieron a la izquierda[1]. Mio Cid se encogió de hombros y sacudió la cabeza.

—¡Alegraos, Álvar Fáñez! ¡Nos echan de nuestra tierra pero regresaremos a Castilla con la honra recuperada!

II. *El Cid entra en Burgos (16b-64)*

Mio Cid entró en Burgos con sesenta pendones[2] en su compañía. Salieron a verlo hombres y mujeres; los burgaleses y las bur-

---

[1] El vuelo de la corneja simboliza desgracia, primeramente, y esperanza, después.
[2] *pendones*: banderas, insignias militares.

galesas se asomaban a las ventanas, llorosos y conmovidos. Todos decían lo mismo:

—¡Dios, qué buen vasallo si tuviese un buen señor!

Le hubiesen hospedado de buena gana, pero ninguno se atrevía, porque sabían el odio que le guardaba el rey Alfonso. Antes del anochecer habían llegado a Burgos órdenes suyas, muy severas y con el sello real. Prohibían que nadie ofreciera posada al Cid, porque el que lo hiciera debía estar advertido de que perdería todos sus bienes, y le arrancarían los ojos, y además perdería la vida y sería excomulgado. La gente cristiana sentía una inmensa pena. Evitaban al Cid sin atreverse a dirigirle la palabra.

El Campeador se dirigió a su posada, y la encontró cerrada, por miedo al rey Alfonso; antes se dejarían romper la puerta por la fuerza que abrirla. Los del Cid comenzaron a llamarles a gritos, pero los de dentro no contestaban ni palabra. El Cid azuzó su caballo y sacó el pie del estribo para golpear la puerta, pero estaba tan bien atrancada que no cedió. Entonces se plantó ante sus ojos una niña de nueve años.

—¡Campeador, que en buena hora ceñiste espada! El rey nos lo ha prohibido. Anoche llegó su carta, con órdenes estrictas y bajo sello real. Por nada del mundo nos atreveríamos a abrir la puerta o a acogeros, porque perderíamos nuestras pertenencias, y las casas, y, además, nos arrancaría los ojos. Cid, con nuestro mal no ganáis nada. ¡Que el Creador os ayude con todas sus bondades!

La niña dijo esto y entró de nuevo en su casa. El Cid comprendió que no podía esperar compasión del rey. Se alejó de la puerta y cabalgó por Burgos hasta la iglesia de Santa María, donde se apeó del caballo, se hincó de rodillas y rezó. Cuando finalizó la oración, montó de nuevo, salió por la puerta de la muralla y cruzó el Arlanzón. Cerca de la ciudad, se asentó en un arenal, donde erigió su tienda y descabalgó. Mio Cid, Ruy Díaz, el que en buena hora ciñó espada, se instaló en un arenal porque no le acogía nadie en su casa. Muchos de los suyos le acompañaban. Se instaló así, como si estuviera en mitad del monte. Le negaron la venta de alimentos en Burgos; nadie se atrevería a venderle ni una migaja.

III. *Martín Antolínez se une a ellos y los auxilia con su astucia. El engaño a los judíos (65-212)*

Martín Antolínez, un burgalés atento y fiel, les consiguió pan y vino al Cid y a los suyos; no los compró, porque eran ya suyos, y les proporcionó todo lo que necesitaban. El Cid y los suyos quedaron muy satisfechos. Entonces habló Martín Antolínez. Escuchad lo que dijo:

—¡Campeador, que en buena hora naciste! Descansemos aquí esta noche, y partamos al amanecer, porque me acusarán de haberos ayudado, y me perseguirá la ira del rey Alfonso. Si escapo vivo y sano con vos, antes o después me reconciliaré con él. Si no, lo que dejo atrás me importa un bledo.

El Cid, que en buena hora ciñó espada, dijo:

—¡Martín Antolínez, el más valiente con la lanza! Si salgo vivo, os prometo que os doblaré la soldada. He gastado todo el oro y toda la plata. Ya veis que no traigo nada conmigo, y me hace mucha falta para toda mi tropa. Ya que no me dan nada por las buenas, he de conseguirlo por la fuerza. Si os parece bien, quiero construir dos arcas, llenarlas de arena para que pesen mucho y forrarlas de cuero finísimo y tintado, y claveteadas con primor. Que el cuero sea rojo, y los clavos dorados. Id luego en busca de Raquel y Vidas, y decidles, con mucho secreto, que ya que en Burgos me lo niegan todo y he perdido el favor del rey, no puedo llevarme mis riquezas conmigo, porque son pesadísimas, y que prefiero empeñarlas por un precio razonable. Llevadle las arcas de noche, para que no lo vean los cristianos... sólo el Creador y todos sus santos. Yo otra cosa no puedo hacer, y no lo hago por mi gusto.

Martín Antolínez no perdió el tiempo: marchó en busca de Raquel y Vidas sin demorarse un momento. Entró en Burgos, en el castillo de la judería, y preguntó inmediatamente por Raquel y Vidas.

Raquel y Vidas estaban juntos, haciendo balance de sus ganancias y beneficios cuando se les acercó Martín Antolínez con mucha discreción.

—¿Dónde estáis, mis queridos amigos Raquel y Vidas? Querría hablar con ambos en privado.

Al momento se reunieron los tres solos.

—Raquel y Vidas, dejadme que os estreche las manos en prueba de que no me descubriréis ni a cristianos ni a moros. Yo os haré tan ricos que no tendréis que preocuparos el resto de vuestras vidas. Al Campeador le enviaron a cobrar unas parias[3], y consiguió riquezas inmensas, y mucho dinero; lo de más valor se lo quedó para sí, y esa ha sido la razón por la que lo acusaron. Tiene dos arcas repletas de oro fino. Ya veis que ha incurrido en la ira del rey, y se ha visto obligado a abandonar sus heredades, sus casas y sus palacios. No puede tampoco llevarse sus riquezas, porque lo descubrirían, de manera que el buen Campeador desea encomendároslas, y que a cambio le deis en interés una suma razonable. Tomad las arcas, dejadlas a buen recaudo, y jurad que no las abriréis en todo un año.

Raquel y Vidas meditaron.

—A nosotros lo que nos importa es sacar beneficio de todo esto. Ya nos habían dicho que él metió la mano en los impuestos de tierras de moros. Quien tiene mucho dinero, no puede dormir

---

[3] *parias:* tributo que pagaba un príncipe a otro superior a él.

tranquilo. Cojamos las arcas, y guardémoslas en algún lugar donde nadie sospeche. Pero, vamos a ver, el Cid, ¿cuánto nos pedirá, y cuánto nos dará en intereses por este año?

Martín Antolínez repuso con toda la intención:

—El Cid no quiere más que lo que sea justo. Os pedirá poco, con tal de que estén a salvo. Cada vez se unen a él más desterrados, y necesita seiscientos marcos.

—Se los daremos de buena gana —dijeron Raquel y Vidas.

—Ya veis que anochece, y el Cid tiene prisa. Necesitamos que nos deis el dinero.

—Los negocios no se hacen así —dijeron los judíos—. Nosotros primero tomamos, y luego damos.

—De acuerdo —dijo Martín Antolínez—. Venid ambos ahora a ver al famoso Campeador, y os ayudaremos, como es lógico, a cargar las arcas y colocarlas en algún lugar seguro, donde no sospechen ni moros ni cristianos.

—Muy bien —dijeron Raquel y Vidas—. Una vez que tengamos las arcas, os daremos los seiscientos marcos.

Martín Antolínez cabalgó a gran velocidad con Raquel y Vidas. Para que nadie sospechara nada en Burgos, no pasaron por el puente, sino por el agua. Llegaron pronto a la tienda del Campeador, y según entraron le besaron las manos. El Cid les sonrió.

—¡Bueno, Don Raquel y Don Vidas! ¿No os habréis olvidado de mí? Me marcho desterrado. El rey se ha irritado conmigo, y me parece que vais a conseguir parte de lo mío. No tendréis problemas de dinero por el resto de vuestra vida.

Raquel y Vidas besaron de nuevo las manos del Cid. Martín Antolínez ya había cerrado el negocio, con seiscientos marcos a cambio de las arcas del Cid, que quedarían en su poder hasta el final del año. Ellos habían prometido y jurado que no las abrirían antes, bajo pena de no recibir ni un solo marco de interés por parte del Cid.

—Llévense inmediatamente las arcas —dijo Martín Antolínez—. Raquel y Vidas, cogedlas y mantenedlas a salvo. Yo iré con vos, para que nos deis los marcos, porque el Cid ha de irse antes del canto del gallo.

Se alegraron muchísimo cuando levantaron las arcas, porque aunque ambos tenían gran fuerza, apenas podían subirlas a lomos de los caballos. Raquel y Vidas iban contentos con todo aquel dinero, y se consideraban ricos para el resto de sus días.

Raquel pidió besar la mano del Cid para solicitarle un favor:

—Campeador, que en buena hora ceñiste espada. Os marcháis de Castilla para habitar entre gente extraña. Ése es vuestro destino, y obtendréis con ello grandes ganancias. Cid, beso vuestra mano y os suplico que me regaléis una piel roja, bien bonita, de las que hacen los moriscos.

—Muy bien —dijo el Cid—. Os la concedo desde ahora mismo. Os la traeré de allí, y si no, podéis descontarla del precio del arca.

En medio de la sala tendieron una alfombrilla, y sobre ella una sábana de hilo muy blanco y muy fino. Allí arrojaron de una vez trescientos marcos de plata. Los tomó Martín Antolínez sin pesarlos. Los otros trescientos se los pagaron en oro. Traía don Martín con él a cinco escuderos, y los cargó a todos. Luego dijo:

—Ya están las arcas en vuestro poder, amigos Raquel y Vidas. Yo creo que por haberos hecho ganar esto, me merezco unas calzas.

Raquel y Vidas se alejaron un poco y hablaron entre ellos.

—Démosle un buen regalo, porque él nos ha conseguido el trato. ¡Martín Antolínez, el reputado burgalés! Os lo merecéis. Queremos daros un regalo para que os mandéis hacer unas calzas, una piel cara y un manto bueno. Os damos treinta marcos. Los merecéis, ya que nos habéis conseguido esto que hemos logrado.

Don Martín dio las gracias, recibió los marcos y se despidió de ellos antes de salir de la posada. Salió de Burgos, pasó el Arlanzón y llegó de nuevo a la tienda del que nació en buena hora. El Cid le recibió con los brazos abiertos.

—¿Sois vos, Martín Antolínez, mi fiel servidor? Ojalá llegue el día en el que os pueda compensar por esto.

—Traigo buenas noticias, Campeador. Vos habéis ganado seiscientos marcos, y yo treinta para mí. Mandad levantar la tienda, y vayámonos cuanto antes, para que nos cante el gallo en San Pedro de Cardeña. Allí veremos a vuestra nobilísima mujer. Tendremos que acortar la estancia y marcharnos del reino cuanto antes, porque estamos a punto de incumplir el plazo.

IV. *El Cid se encuentra con su mujer y sus hijas. Después debe despedirse de nuevo (213-390)*

Tras decir esto, recogieron la tienda, y cabalgaron con prisa el Cid y los suyos. Volvió su caballo hacia la iglesia de Santa María, levantó su mano derecha y se santiguó.

—¡Gracias, Dios del cielo y de la tierra! ¡Otórgame tus bondades, gloriosa Santa María! He de abandonar Castilla debido a la ira del rey, y no sé si volveré a entrar en lo que me queda de vida. ¡Protégeme, Gloriosa, en mi viaje, y no me desampares ni de noche ni de día! Si me lo concedes y me otorgas suerte, te ofrezco, para tu altar, preciosos y ricos presentes, y prometo además que haré que te canten mil misas.

Se despidió así el sensato héroe muy a su pesar. Soltaron las riendas y espolearon los caballos.

—Quiero despedirme de mi mujer con calma —dijo Martín Antolínez—, y advertirla de lo que debe hacer. Y si el rey me lo quita todo, ¡me da igual! Estaré de regreso con vos antes de que salga el sol.

Martín Antolínez regresó a Burgos, y el Cid picó espuelas con prisa hacia San Pedro de Cardeña, acompañado de aquellos caballeros que le servían en todo. Cantaban ya los gallos y comenzaba a romper el alba cuando llegó a San Pedro el buen Campeador. El abad don Sancho, que era un buen cristiano, rezaba los maitines[4] de buena mañana, y doña Jimena, con sus cinco ilustres damas de compañía, rogaba a San Pedro y al Creador:

—¡Tú, que nos guías a todos, ayuda a mi Cid Campeador!

Llamaron a la puerta, y todos lo supieron al instante. ¡Y qué alegre se sintió el abad don Sancho! Acudieron todos al corral con luces y con velas, y recibieron al que en buena hora nació llenos de gozo.

—¡Gracias a Dios, Mio Cid! —dijo el abad don Sancho—. Sed mi huésped, ya que estáis aquí.

—Gracias, señor abad, acepto de buen grado. Yo me encargaré de mi mantenimiento y del de mi gente. Como he de abandonar mis tierras, os doy cincuenta marcos, y si Dios quiere algún día os daré el doble. No quiero que el monasterio corra con ningún gasto; aquí, para doña Jimena, os doy cien marcos para que tanto a ella, como a sus hijas y a sus damas, podáis servir durante este año. Os dejo a mis dos niñas; tomadlas como si fueran vuestras. Os las encomiendo a vos personalmente, abad don Sancho. Cuidad mucho de ellas y de mi mujer, hasta el menor capricho. Si se os acaba el dinero o gastan mucho, atendedlas de todas maneras, que yo os lo pido. Por cada marco que gastéis, yo donaré cuatro al monasterio.

El abad accedió. Entonces se acercaron doña Jimena y sus hijas, que iban en brazos de las ayas. Doña Jimena se arrodilló ante el Campeador, llorando, y le quiso besar las manos.

---

[4] *maitines:* primer rezo de la mañana, antes del amanecer.

—Ay, Campeador, que naciste en buena hora... os destierran las intrigas de los conspiradores... Ay, Cid, el de la hermosa barba, vedme aquí, en vuestra presencia, con vuestras hijas, que son aún tan pequeñitas; mirad a las damas que me sirven. Yo sé que habéis de marchar ahora, y que debemos separarnos en vida. ¡Dadnos algún consejo, por el amor de Santa María!

El de la hermosa barba tendió las manos y cogió en brazos a sus hijas. Las estrechó contra su corazón, porque las quería muchísimo. Se le llenaron los ojos de lágrimas, y suspiró.

—¡Doña Jimena, mi extraordinaria mujer! Os amo tanto como a mi alma. Ya lo veis, hemos de separarnos. Me marcho, y vos os quedáis aquí. ¡Quiera Dios y Santa María que yo viva para ver casadas a nuestras hijas, y que lleguen los días en los que pueda trataros como merecéis!

Le prepararon al Cid una buena comida. Tañían las campanas de San Pedro con gran estrépito. Por Castilla se escuchaban los pregones que anunciaban el destierro del Cid Campeador. Algunos dejaron sus casas y otros sus títulos; aquel día se juntaron ciento quince caballeros en el puente del Arlanzón, preguntando por el paradero del Cid. Martín Antolínez se unió a ellos y se fueron para San Pedro, donde aguardaba el bien nacido.

Cuando el Cid de Vivar vio que su compañía crecía y que eso le favorecía, salió a su encuentro a caballo. Les sonrió, y todos se acercaron a besar su mano. Dijo el Cid, reconfortado:

—Ruego a Dios, Padre Espiritual, que antes de morir pueda procuraros algún bien a vosotros, que dejáis por mí casa y heredades. Os doblaré los que perdáis.

Al Cid le alegró verse tan aumentado, y lo mismo sintieron los que le acompañaban. Habían pasado ya seis días, y faltaban tres por cumplir el plazo del rey, ni uno más. El rey había ordenado que vigilaran al Cid, y que si después del límite de tiempo lo encontraban en su tierra, no lo dejaran escapar ni por todo el oro y la plata del mundo. El día se iba acabando, y se acercaba la noche; mandó reunir a todos sus caballeros.

—¡Oíd, hombres, y que no os apenéis! No traigo gran cosa conmigo, pero quiero daros vuestra parte. Recordad lo que debéis hacer: por la mañana, cuando los gallos canten, no os retraséis, mandad ensillar. El buen abad tocará a maitines, nos dirá la misa de la Santa Trinidad, y cuando finalice, montaremos a caballo. Se acerca el plazo y aún nos queda mucho por recorrer.

Así lo harían todos. Pasó la noche, llegó la mañana, y comenzaron a ensillar con el segundo canto del gallo. Tocaron a maitines con gran prisa. El Cid y su mujer fueron a la iglesia, y doña Jimena se arrojó sobre las gradas del altar, rezando al Creador como mejor sabe para que proteja al Cid Campeador de todo mal.

—¡Glorioso Señor, que estás en el cielo, que creaste el cielo y la tierra, y el mar en tercer lugar, las estrellas, la luna y el sol que nos calienta, que te encarnaste en Santa María madre! Naciste en Belén porque tal fue tu voluntad, y los pastores te glorificaron y te cantaron, y te vinieron a adorar tres reyes de Arabia, Melchor, Gaspar y Baltasar, y te ofrecieron oro, incienso y mirra. Tú salvaste a Jonás cuando cayó al mar, tú salvaste a Daniel de los leones de aquella terrible cárcel, tú salvaste al señor San Sebastián en Roma, y a Santa Susana de los falsos acusadores. Por la tierra caminaste por treinta y tres años, Señor Espiritual, obrando milagros de los que aún hablamos. Del agua sacaste vino, y de la piedra, pan, y resucitaste por tu voluntad a Lázaro. Te dejaste prender por los judíos en el monte Calvario; te crucificaron en el Gólgota, entre dos ladrones, que uno está en el paraíso y el otro no. Y mientras estabas en la cruz, hiciste un gran milagro: Longinos, que era ciego, y que nunca vio nada, te atravesó el costado con la lanza, y la sangre que brotó manó por el palo hasta que le llegó a las manos, y cuando se las llevó a la cara, abrió los ojos, miró a todas partes, y creyó en ti porque le curaste de su dolencia. Resucitaste en el sepulcro, bajaste a los infiernos por tu voluntad, quebraste las puertas y sacaste de allí a los santos padres. Tú eres rey de reyes, y Padre del mundo; te adoro y creo en ti de todo corazón, y ruego a San Pedro que interceda por mí para que ayude a mi Cid Campeador y me lo guarde de todo mal. Y ya que hoy nos separamos, que nos volvamos a juntar en esta vida.

Acabó la oración y finalizó la misa; salieron de la iglesia con intención de montar ya. El Cid abrazó a doña Jimena, que le besó la mano llorando, sin saber qué hacer. Él miró a las niñas de nuevo.

—Que Dios y el Padre Espiritual, os tenga bajo su manto, hijas. Nos separamos ahora, y sabe Dios cuándo nos veremos de nuevo.

Nunca habéis visto un llanto como aquél. Se separaban unos de otros como la uña de la carne. El Cid y los suyos montaron y él volvió la cabeza una y otra vez.

—Vamos, Cid, vos que nacisteis en buena hora, ¿dónde está vuestro valor? —dijo entonces Minaya Álvar Fáñez—. Pensemos ahora en espolear a los caballos y dejémonos de tonterías. Ya veréis como este dolor se convertirá en alegría. Dios, que nos ha dado nuestras almas, también nos brindará ayuda.

De nuevo advirtió al abad don Sancho que cuidara de doña Jimena, de las niñas y de todas las damas, y que tuviera presente que sería recompensado por ello. Cuando don Sancho se acercó, Álvar Fáñez le dijo:

—Si veis venir a gentes que se nos quieran unir, abad, decidles que sigan nuestro rastro, y que se apresuren, que nos encontrarán en yermo o en poblado.

V. *El Cid abandona Castilla (391-436)*

Arrojaron las riendas para caminar, porque se acercaba el plazo para abandonar el reino. El Cid descansó en Espinazo de Can. Esa noche llegaron gentes de todas partes para unirse a él. Al otro día emprendieron de nuevo el camino. Dejó su tierra el leal Campeador. Dejó a su izquierda San Esteban de Gormaz, una buena ciudad, a su derecha Alcubilla del Marqués, el último límite de Castilla, y salió por la calzada de Quinea, cruzando el Duero sobre Navas de Palos. A la Figueruela se dirigió para descansar, y se le iban ajuntando gentes de todas partes.

Se acostó el Cid después de cenar, y se durmió rápidamente en un dulce sueño. En una visión se le apareció el ángel San Gabriel.

—Cabalgad, buen Cid Campeador, que nunca ningún hombre tuvo mayor suerte. Mientras vivas, todo te saldrá bien.

Cuando el Cid se despertó, se santiguó y se encomendó a Dios, porque el sueño le había tranquilizado mucho.

Por la mañana se pusieron en marcha, porque debéis saber que era el último día concedido. Se asentaron en la Sierra de Miedes; aún era de día y no se había puesto el sol cuando mandó que formaran sus gentes. Sin los peones, ni otros valientes, contó trescientas lanzas con sus pendones.

—Que Dios os bendiga. Alimentad a los caballos muy temprano. El que quiera comer, que coma, y el que no, que ande. Pasaremos esta sierra, que es extensa y tenebrosa, y así abandonaremos esta noche las tierras del rey Alfonso. Quien nos busque a partir de ahora no nos encontrará.

Por la noche atravesaron la sierra, y en la mañana ya iban cuesta abajo. En un paraje maravilloso y amplio el Cid los detuvo y pidió que alimentaran a las bestias. Les dijo a todos que quería avanzar de noche, y sus vasallos, que eran leales, así lo hicieron. Antes del anochecer reemprendieron la marcha, porque al Cid le preocupaba que alguien los viera. Caminaron toda la noche sin descansar, y el Cid se apostó cerca del lugar que llaman Castejón de Henares para preparar la emboscada.

VI. *Primera batalla del Cid: Castejón (437-556)*

Toda la noche preparó la estratagema, siguiendo los consejos de Minaya Álvar Fáñez.

—Cid, que en buena hora ceñiste espada. Ya que deseamos conquistar Castejón, quedad con cien de los nuestros.

—Id vos con doscientos en vanguardia. Que os acompañen Álvar Álvarez, y Álvar Salvadórez, un caballero sin tacha, y Galindo García, que es muy valiente con la lanza. Que vayan estos buenos caballeros con Minaya. Atacad con osadía, no vaya a ser que el miedo nos haga perder. Por Hita abajo y por Guadalajara acercaros hasta Alcalá, y asegurad todas las ganancias, no vayáis a perder beneficios por miedo a los moros. Y yo con los cien me quedaré en retaguardia, protegidos en Castejón, que ofrece buena protección. Si algo malo ocurriera, mandad a toda prisa un mensaje a retaguardia. ¡De esto se va a hablar en toda España!

Nombraron a los que irían en vanguardia y a los que se quedarían a la zaga con el Cid. Rompió el alba y llegó la mañana. ¡Era un precioso día! En Castejón se levantaban, abrían las puertas y acudían a sus trabajos y a sus heredades. Salieron todos y dejaron las puertas abiertas, con muy poca gente dentro de la ciudad. Los de fuera se encontraban muy dispersos.

El Campeador salió de la emboscada y cayó certeramente sobre Castejón. Los moros y las moras guardaban muchos bienes, y los ganados de los alrededores eran suyos. Mio Cid don Rodrigo se dirigió a la puerta de la ciudad. Los que la guardaban, cuando vieron la compañía, fueron presa del terror y la abandonaron. Mio Cid Ruy Díaz entró por la puerta, con la espada desnuda en la mano y mató a quince moros que le salieron al paso. Consiguió Castejón, su oro y su plata. Sus caballeros le trajeron el botín, pero el Cid se lo dejó, sin prestarle atención.

Los doscientos tres de vanguardia corrieron y saquearon; la enseña de Minaya llegó hasta Alcalá y desde ahí regresaron con el botín, Henares arriba y por Guadalajara. Trajeron una fortuna enorme, rebaños de ovejas y vacas, ropajes y otras riquezas. La enseña de Minaya se erguía derecha, y nadie se atrevía a atacarlos por la espalda. Regresaron con todo lo obtenido a Castejón, donde aguardaba el Cid. Dejó el castillo asegurado y salió a recibirlos a caballo con su mesnada. Recibió a Minaya con los brazos abiertos.

—¿Sois vos, Álvar Fáñez, ese guerrero tan hábil? A lo que yo os envío nunca falláis. Juntemos lo vuestro con lo nuestro; si la queréis, os doy la quinta parte, Minaya.

—Os lo agradezco mucho, noble Campeador. Incluso Alfonso el Castellano se contentaría con esa quinta parte. Yo os la devuelvo, tomadla de nuevo. Prometo a Dios que está en lo alto que hasta que no quede satisfecho sobre mi buen caballo de lidiar con moros en el campo de batalla, hasta que no me emplee con la lanza y meta mano a la espada y me chorree por el codo la sangre, ante Ruy Díaz, el magnífico guerrero, no aceptaré nada de vos. Mientras no os haya hecho ganar algo que merezca la pena, guardad todo lo otro para vos.

Reunieron las ganancias. El Cid, que en buena hora ciñó espada, discurrió que quizás el rey Alfonso enviara sus mesnadas contra él para atacarle. Mandó que se distribuyera cuanto antes el botín, y a sus contables pidió que dieran fe de lo que le correspondía. Sus caballeros llegaban y a cada uno de ellos les tocaban cien marcos de plata, y a los peones exactamente la mitad. Para el Cid era la quinta parte. Aquí, no podía ni vender ni regalárselo a nadie. Ni tampoco quiso tomar cautivos y cautivas. Inició conversaciones con los de Castejón y envió a Hita y a Guadalajara para preguntar cuánto le pagarían por su quinto, aunque saquen ellos provecho. Los moros ofrecieron tres mil marcos de plata, y al Cid le pareció bien. Se los dieron puntualmente al tercer día.

El Cid pensó que no podría alojar a su compañía en el castillo, porque aunque estuviera en su poder no ofrecía agua.

—Los moros están apaciguados, y yo sé que ya están las cartas escritas, pero el rey Alfonso podría salir a por nosotros con sus mesnadas. Oídme, Minaya, mesnada, quiero irme de Castejón. Que no os parezca mal. En Castejón no podemos quedarnos, porque tenemos cerca al rey Alfonso, que puede salir a buscarnos. Pero no quiero destruir el castillo. Quiero liberar a cien moros y a cien moras, para que no hablen mal de mí por lo que les he robado. Todos habéis cobrado, y no falta ninguno por pagar. Mañana por la mañana saldremos, porque no quiero combatir contra mi señor Alfonso.

A todos les pareció bien lo que había dicho el Cid. Del castillo que habían tomado salieron todos ricos, y con la bendición de los moros y las moras. Se alejaron de Henares todo lo que pudieron pasaron la Alcarria adelante y las cuevas de Anguita. Pasaron las aguas del río, entraron en campo de Taranz, y se fueron metiendo por esas tierras. Entre Ariza y Cetina el Cid encontró albergue, y se hizo con grandes ganancias. Los moros no sabían de las argucias del Cid. Al día siguiente los movió hasta Alfama, y la Hoz, pasó Briviesca y luego Ateca, y se detuvo en Alcocer, en un otero[5] redondo, fuerte y grande, cerca corre el Jalón y no puede quedarse sin agua. Mio Cid don Rodrigo se propone conquistar Alcocer.

---

[5] *otero:* monte aislado y de poca altura.

VII. *La toma de Alcocer (557-655)*

Ocupó el otero e instaló bien las tiendas, unas en la sierra y otras junto al río. El buen Campeador, que en buena hora nació, ordenó a sus hombres que cavaran un foso alrededor del otero y junto al río, y mandó decir que nadie lo cruzara, ni de noche ni de día, para que todos tuvieran claro que ése era el asentamiento del Cid.

Por todas aquellas tierras se extendió la noticia de que Mio Cid Campeador se había instalado allí, y que había dejado a los cristianos para ir a tierra de moros. Cerca de él no se atrevían a adentrarse. El Cid y todos sus vasallos se alegraron; muy pronto, el castillo de Alcocer comenzó a pagarles las parias.

Pagaron tributos al Cid los de Alcocer, los de Ateca y los del pueblo de Terrer. Pero sabed que a los de Calatayud aquello no les gustaba. Allí se asentó el Cid durante quince semanas enteras.

Cuando vio Mio Cid que Alcocer no se le entregaba inventó una estratagema al momento. Levantó todas las tiendas menos una, y se fue Jalón abajo con las enseñas desplegadas, las espadas al cinto y las lorigas[6] puestas, para emboscarlos con engaños. Los de Alcocer se vanagloriaron de ello.

—Al Cid se le ha terminado el pan y la cebada. Ha dejado una tienda y se lleva las demás, y se marcha como si lo hubieran derrotado. Asaltémosle, y sacaremos un buen botín antes de que lo atrapen los de Terrer, porque si no, no nos darán nada. La paria que nos ha sacado, que nos la devuelva doblada.

Salieron de Alcocer a toda prisa; el Cid, cuando los vio, fingió que huía, y escapó por el Jalón abajo.

---

[6] *lorigas:* armaduras para defender el cuerpo, hechas de laminillas de acero.

—¡Que se nos va el botín! —decían los de Alcocer.

Grandes y chicos se arrojaron fuera de la ciudad, sin pensar más que en el dinero, y dejaron las puertas abiertas y sin protección. Entonces, el buen Campeador volvió el rostro y vio que entre ellos y el castillo ya mediaba una gran distancia, de manera que mandó izar la enseña y lanzarles los caballos.

—¡Heridlos, mis caballeros, heridlos sin temor! ¡Con la ayuda de Dios, la victoria es nuestra!

Se entremezclan con ellos en medio de la llanura. ¡Aquél fue un día bien alegre! Mio Cid y Álvar Fáñez iban en vanguardia, con buenos caballos que movían como deseaban, y pronto se interpusieron entre los moros y el castillo.

Los vasallos del Cid los atacaron sin piedad, y en muy poco tiempo mataron trescientos moros. Los que se habían ocultado salieron entonces entre grandes alaridos, se adelantaron, regresaron al castillo y se detuvieron en la puerta con las espadas desnudas. Pronto llegaron los suyos y la victoria fue cosa hecha. Sabed que el Cid ganó el castillo de Alcocer con esta estrategia.

Vino Pedro Bermúdez, que tenía la enseña en la mano, y la colocó en lo más alto.

—Gracias al Dios del cielo, y a todos sus santos —dijo Mio Cid Ruy Díaz, el que nació en buena hora—, ahora tendremos dónde hospedar mejor a los caballos y a los jinetes. ¡Álvar Fáñez, y todos los caballeros, oídme! Hemos conseguido grandes riquezas al tomar este castillo. Los moros yacen muertos, pocos son los que veo vivos. No podremos vender a los moros, ni a las moras, y tampoco ganaremos nada si los decapitamos. Aceptémoslos de nuevo en el lugar, ya que somos sus dueños; nos hospedaremos en sus casas, y nos haremos servir por ellos.

El Cid permaneció en Alcocer, con todas sus riquezas. Hizo traer la tienda que habían dejado en el campamento. Los de Ateca se dolieron mucho de esto, y no les gustó a los de Terrer, y a los de Calatayud, sabed que aquello les supo mal. Enviaron un mensaje al rey de Valencia diciéndole que uno al que llamaban Mio Cid Ruy Díaz de Vivar lo arrojó de sus tierras el rey Alfonso, y se instaló en una zona de Alcocer. Que los sacó con engaños, y que conquistó el castillo

—Si no le pones remedio, perderás Teca, Terrer, y también Calatayud, que no puede escapar. De un lado a otro de las riberas del Jalón y del Jiloca todo irá de mal en peor.

Cuando el rey Tamín lo supo le pareció muy mal.

—A mi alrededor veo tres emires. No lo dejéis, partid dos de vosotros hacia allí con tres mil moros y buenas armas. Con los de la frontera, que os prestarán ayuda, prendedlo con vida y traedlo ante mis ojos. Pagará caro el haber invadido mis tierras.

Tres mil moros cabalgaron y pasaron la noche en Segorbe. Salieron por la mañana a cabalgar, y la otra noche pararon en Cella. Enviaron mensajes a los de la frontera, que acudieron de todas partes. Salieron de Cella del Canal, como suele ser llamada, anduvieron todo el día sin descanso, y esa noche llegaron a Calatayud. Pregonaron por todas esas tierras y se les unieron muchos bajo el mando de dos reyes moros, que llaman Fariz y Galve. Pensaban cercar al buen Cid en Alcocer.

VIII. *El cerco de Alcocer (656-810)*

Alzaron las tiendas, y formaron el asentamiento. Aumentaron aún más sus fuerzas, que ya eran muy nutridas. La avanzadilla de los moros patrullaba de día y de noche, armados hasta los dientes. Los centinelas eran muchos, y la tropa inmensa. Les cortaron el agua a los del Cid. Sus mesnadas quisieron presentar batalla, pero el que nació en buena hora se lo prohibió tajantemente. Los tuvieron cercados durante tres semanas.

Al cabo de esas tres semanas, cuando ya se avecinaba la cuarta, el Cid formó consejo con los suyos.

—Nos han cortado el agua, y puede que nos falte el pan. No permitirán que incursionemos de noche. Sus fuerzas son demasiado grandes para que luchemos contra ellos. Decidme, caballeros, lo que os parece que hagamos.

Habló primero el ilustre caballero Álvar Fáñez:

—Somos exiliados de la noble Castilla, y si no lidiamos con los moros, no ganaremos nada. Podemos ser unos seiscientos, e incluso alguno más. ¡En el nombre del Creador, que no se hable más! Salgamos a machacarlos mañana mismo.

—Muy bien —dijo el Campeador—. Os honra lo que habéis dicho, y sé que lo cumpliréis.

Expulsó a todos los moros y moras, para que nadie supiera nada de su proyecto. Durante el resto del día y de la noche se prepararon de la manera adecuada, y por la mañana, cuando asomaba la aurora, el Cid y todos los suyos se encontraban alerta.

Así como podréis oír habló el Cid:

—Salgamos todos fuera, y que aquí no quede nadie, salvo dos peones para guardar la puerta. Si morimos en el campo, que nos entren en el castillo. Y si vencemos en la batalla, sacaremos más riquezas. Y vos, Pedro Bermúdez, tomad mi enseña. Como sois valiente, la guardaréis con honra. Pero no os adelantéis con ella si yo no os lo mando.

Besó la mano del Cid y tomó la enseña. Abrieron las puertas y salieron; la avanzadilla, al verlo, corrió a informar a las huestes. ¡Con qué prisa tomaron las armas los moros! Con el ruido de los tambores se estremecía la tierra. Veríais cómo los moros se armaban y se incorporaban a las filas a toda prisa. Traían dos enseñas principales, y muchas otras de menor importancia. ¿Quién podría contarlas? Los moros se adelantaron para encontrarse con el Cid y los suyos.

—Quietas, mesnadas, en este punto. Que no se mueva nadie hasta que yo lo diga.

Pedro Bermúdez no pudo contenerse. Con la enseña en la mano, espoleó al caballo.

—¡Que os guarde el Creador, buen Cid Campeador! Voy a meter nuestra enseña en la fila principal. Ahora veremos cómo la protegéis los que estáis obligados a ello.

—¡No hagáis eso, por caridad! —dijo el Campeador.

—¡Faltaría más! —repuso Pedro Bermúdez, y con un golpe de espuelas metió al caballo en lo más granado del ejército. Los moros lo esperaron para ganar la enseña, y aunque le lanzaron fuertes golpes no lograron abatirlo.

—¡Ayudadle, por caridad! —gritó el Cid.

Emplazaron los escudos ante los corazones, enristraron las lanzas, envolvieron los pendones, y se inclinaron sobre los arzones[7], con la intención de herirlos. El que en buena hora nació llamó a grandes voces:

—¡Heridlos, caballeros, por el amor a la caridad! ¡Yo soy Ruy Díaz de Vivar, el Cid Campeador!

Todos se abalanzaron sobre la fila en la que se encontraba Pedro Bermúdez. Eran trescientas lanzas, todas con sus pendones, y mataron sendos moros, uno por cada golpe. Volvieron a cargar y mataron a otros tantos.

Allí veríais tantas lanzas subir y bajar, tantas adargas[8] pasar y agujerear, tanta loriga rota y sin mallas, tantos pendones blancos enrojecerse de sangre, tantos hermosos caballos que andaban sin

---

[7] *arzones:* plural de *arzón:* parte delantera o trasera que une los dos brazos longitudinales del armazón de una silla de montar.
[8] *adargas:* escudos de cuero, ovalados o en forma de corazón.

jinete. Los moros gritaban *¡Mahoma!* Y los cristianos *¡Santiago!* En muy poco tiempo mataron a mil trescientos moros.

¡Qué bien lidió sobre su arcén dorado Mio Cid Ruy Díaz, el gran guerrero! ¡Qué bien lo hizo Minaya Álvar Fáñez, que estuvo al mando en Zurita! ¡Y Martín Antolínez, el burgalés de pro[9], y Muño Gustioz, que era su criado, y Martín Muñoz, que estuvo al mando en Monte Mayor, y Álvar Álvarez, y Álvar Salvadórez, y Galindo García, el bueno de Aragón, y Félez Muñoz, el sobrino del Cid! Todos los que son acuden a proteger la enseña y al Cid Campeador.

A Minaya Álvar Fáñez le mataron el caballo, y corrieron a socorrerle la mesnada de los cristianos. Le rompieron la lanza, y tiró de la espada, e incluso a pie asestaba buenos mandobles. Mio Cid Ruy Díaz el castellano lo vio, y acercándose a un jefe moro que tenía un magnífico caballo le dio tal tajo con el brazo derecho que lo partió en dos por la cintura. Se acercó a Minaya Álvar Fáñez para darle el caballo.

—Montad, Minaya. Sois mi mano derecha. En este día os necesito. Los moros aguantan, aún no los hacemos huir.

Minaya montó sin soltar la espada de la mano, y continuó luchando con fiereza en el campo enemigo. A los que alcanzaba, los destrozaba. Mio Cid Ruy Díaz, el que nació en buena hora, le propinó tres tajos al emir Fariz: en dos falló, y el tercero acertó; de la loriga abajo brota sangre. Volvió grupas, en un intento de salir de la batalla, y aquel golpe derrotó al ejército.

Martín Antolínez asestó tal golpe a Galve que le arrancó los rubíes del yelmo[10] y además del yelmo, le cortó la carne. ¿Sabéis?, el otro no esperó un segundo golpe. Derrotados fueron los emires Fariz y Galve. ¡Un gran día para la Cristiandad, porque huyen moros por todas partes!

---

[9] *de pro:* noble.
[10] *yelmo:* casco.

Los del Cid los atacaron según les daban alcance. El emir Fariz se refugió en Terrer, pero a Galve no lo quisieron acoger, con lo que salió para Calatayud a toda prisa. El Campeador lo siguió de cerca hasta Calatayud.

El caballo de Minaya Álvar Fáñez cabalgaba muy bien, y mató treinta y cuatro moros. Con la espada afilada, traía ensangrentado el brazo; hasta el codo le goteaba la sangre.

—Ahora estoy en paz —dijo Minaya—. Hasta Castilla llegarán las noticias de la victoria de Mio Cid en esta batalla campal.

Hubo tantos moros muertos que dejaron pocos supervivientes. Les fueron dando alcance los del que nació en buena hora, y luego regresaron. Mio Cid cabalgaba con la cofia[11] fruncida, que dejaba ver su hermosa barba, la loriga caída y la espada en la mano. Vio cómo se acercaban los suyos.

—¡Gracias a Dios, que está en lo alto! ¡La victoria es nuestra!

Los del Mio Cid saquearon el campamento, y recogieron armas, escudos y riquezas sin cuento. Encontraron quinientos diez caballos de los moriscos, y se regocijaron al ver que sólo habían perdido diez de los suyos. Se volvieron con tanto oro y tanta plata que no sabían ni qué hacer con ella, enriquecidos con esas ganancias.

Acogieron de nuevo en el castillo a los moros que los servían, e incluso el Cid ordenó que les dieran algo. El gozo del Cid y de sus vasallos fue inmenso: ordenó que les distribuyeran lo ganado, y sólo de su quinto le correspondieron cien caballos. ¡Y qué bien pagó a todos, tanto a los peones como a los caballeros! Lo hizo con justicia el que nació en buena hora, y se las arregló para pagar a todos.

---

[11] *cofia:* pieza que refuerza el casco.

IX. *Minaya regresa a Castilla (811-899)*

—Minaya, mi mano derecha, oíd. De estas riquezas que nos ha proporcionado Dios, quedad con lo que más os guste. Os quiero enviar a Castilla, con las noticias del triunfo de esta batalla. Al rey Alfonso, que tan enfadado está, quiero enviarle como regalo treinta caballos, todos con sillas, y con sus hermosos frenos, y sus espadas colgadas de los arzones.

—Muy bien —dijo Álvar Fáñez.

—Y aquí tenéis oro y plata, hasta llenar esa bolsa hasta los topes. Pagad mil misas en Santa María de Burgos, y de lo que sobre, dádselo a mi mujer y a mis hijas, para que recen por mí día y noche. Si yo sobrevivo, serán ricas.

A Minaya Álvar Fáñez le entusiasmó la misión, y designó a los hombres que le acompañarían. Alimentaron a los caballos cuando ya era de noche, y mientras tanto, el Cid llamó a los suyos a consejo.

—¿Entonces, os vais a la noble Castilla, Álvar Fáñez? Decidle a nuestros amigos que Dios nos amparó y vencimos en la lucha. Si no nos encontráis aquí a vuestro regreso, buscadnos donde os digan que estamos. Deberemos usar nuestra lanza y nuestra espada, porque estas tierras tan pobres no nos darán con qué vivir.

Como se pensó, Minaya se fue de mañana, y el Cid Campeador permaneció con su mesnada. La tierra era poca, y muy mala. Todos los días espiaban al Cid los moros de la frontera, y otros hombres extraños, por recomendación del emir Fariz, ya recuperado de sus heridas. A los de Ateca, los de Terrer y los de Calatayud, que era la ciudad más próspera, por escrito y pactado, les ha vendido el Cid Alcocer por tres mil marcos de plata.

Una vez vendido el castillo, el Cid repartió el dinero con todos sus vasallos. Hizo ricos a caballeros y a peones, y entre todos ellos ya no quedaba nadie necesitado. Quien sirve a buen señor, encuentra buena recompensa.

Cuando Mio Cid quiso irse del castillo los moros y las moras comenzaron a quejarse:

—¿Os vais, Mio Cid? Que os acompañen nuestras oraciones. Te quedamos muy agradecidos.

Cuando Mio Cid el de Vivar abandonó Alcocer, los moros y las moras rompieron a llorar. Con la enseña en alto, el Campeador se aleja, hacia el río Jalón abajo. Cuando lo cruzó, vio aves de buen agüero. Los de Terrer quedaron contentos, y mucho más los de Calatayud, pero a los de Alcocer les dio mucha pena que se fuera, porque les había favorecido. Aguijó el Cid, y continuó hasta que llegó a Poyo, que está sobre Monreal. Es un lugar alto, grande y maravilloso, a salvo de los enemigos por todas partes. Consiguió las parias de Daroca, y luego de Molina, que estaba en el otro lado, y en tercer lugar, de Teruel, que tenía delante, y en su mano estaba también Cella la del Canal.

¡Sea siempre amado por el Señor Mio Cid Ruy de Vivar! Minaya Álvar Fáñez había salido para Castilla, y entregado al rey los treinta caballos. El rey los vio con una hermosa sonrisa.

—Dios os valga, Minaya. ¿Quién me los envía?

—Mio Cid Ruy Díaz, que en buena hora ciñó espada. Venció a dos emires moros en esta batalla, y su botín ha sido enorme. A vos, noble rey, os envía este presente, os besa los pies y las manos para solicitar vuestro perdón, que el Creador os proteja.

—Es muy pronto —dijo el rey— para que un hombre al que ha desterrado el rey regrese al cabo de tan pocas semanas. Pero ya que es un presente tomado a los moros, y porque me complace que el Cid haya obtenido esa victoria, acepto el regalo. Además, os perdono, Minaya. Os restituyo vuestros honores y vuestras tierras. Tenéis mi beneplácito para ir y venir, pero no os digo nada más sobre el Cid Campeador. Añadiré, Minaya, que todos los hombres honrados y valientes de mi reino que quieran apoyar a Mio Cid, tienen mi permiso, y no perderán sus tierras.

Minaya Álvar Fáñez le besó las manos.

—¡Gracias, mil gracias, mi rey y señor! Si esto hacéis ahora, algo más concederéis más adelante.

—Id por Castilla, y que no os molesten, Minaya, e id sin problemas a buscar la riqueza con el Cid.

X. *El Cid y el Conde de Barcelona (900-1084)*

Os quiero contar sobre el que en buena hora ciñó espada: había montado el campamento en el Poyo, al que, mientras existan moros y cristianos en el mundo, se llamará en los escritos Poyo del Cid. Estando allí recorrió muchas tierras, y consiguió todas las parias del valle del río Martín. Llegaron sus noticias a Zaragoza, cosa que afligió mucho a los moros y los dejó muy pesarosos. Allí se instaló el Cid por quince semanas completas, y cuando el muy prudente vio que Minaya se retrasaba, hizo una salida nocturna con toda su gente, dejó el Poyo a su suerte, y se fue más allá de Teruel, hasta el pinar de Tevar. Saqueó todas esas tierras, y consiguió las parias de Zaragoza.

Cuando consiguió esto, al cabo de tres semanas, Minaya regresó de Castilla, con doscientos de a caballo, ciñendo espada, y un número incontable de peones. Cuando el Cid vio que Minaya se acercaba hizo correr al caballo para acudir a abrazarlo, y le besó en la boca y en los ojos. Se lo contó todo, sin reservarse nada. El Cid le ofreció una hermosa sonrisa.

—¡Gracias a Dios y a todas sus santas virtudes! ¡Mientras vos viváis, a mí me saldrá todo bien, Minaya!

¡Qué alegría hubo en el ejército cuando Minaya Álvar Fáñez regresó con noticias de sus primos y sus hermanos, y de las amadas que habían dejado en sus lugares! ¡Y qué alegría la del de la hermosa barba cuando supo que Álvar Fáñez le había pagado las mil misas, y le traía nuevas de su mujer y de sus hijas! ¡Qué regocijo, qué alegría la del Cid!

—Que viváis una larga vida, Álvar Fáñez.

Sin la menor tardanza, el que nació en buena hora, saqueó las tierras de Alcañiz y sus alrededores, y regresó al tercer día.

La noticia corrió de pueblo en pueblo. Los de Monzón y los de Huesca se preocuparon, pero los de Zaragoza, que dan las parias al Cid, no temían ningún peligro.

Regresaron al campamento con ese botín, muy satisfechos por haber conseguido tanto. Mio Cid y Álvar Fáñez se alegraron mucho, y el muy prudente no pudo contenerse.

—¡Caballeros, he de deciros la verdad! Si no se mueve uno del sitio, no saca nada. De manera que por la mañana, cabalguemos; dejemos este lugar, y sigamos adelante.

El Cid se mudó al puerto de Olocau, desde donde se acercaron a Huesca y a Montalbán, en una expedición que duró diez días. Por todas partes se extendía la noticia de que el desterrado de Castilla les hacía mucho mal.

Las noticias de que el Mio Cid Ruy Díaz andaba recorriendo las tierras llegaron hasta el Conde de Barcelona, que se disgustó mucho, y lo tomó como una gran afrenta. El conde era un fanfarrón, y dijo una indiscreción.

—Mio Cid el de Vivar me está causando un gran daño. No lo hizo mejor cuando estuvo en mi corte; hirió a mi sobrino, y no se disculpó por ello. Ahora recorre las tierras que me pertenecen, sin que yo lo haya desafiado ni le haya retirado mi amistad. Pero, si me busca, me va a encontrar.

Tenía grandes medios y los reunió a toda prisa. Se le acercaron muchos moros y cristianos, que partieron tras el buen Mio Cid, el de Vivar. Caminaron durante tres días y dos noches, y al final lo alcanzaron en el Pinar de Tevar. Eran tantos que el conde creyó poder apresarlo fácilmente.

Mio Cid, Rodrigo Díaz, traía consigo un botín enorme, y bajaba una sierra para entrar en un valle. Le llegó un mensaje del conde don Ramón. El Cid lo escuchó y le mandó decir esto:

—Decidle al conde de mi parte que no se lo tome a mal. No me llevo nada de lo suyo, que me deje marchar en paz.

—¡No! —contestó el conde—. Me pagará lo de antes y lo de ahora. ¡Que se entere el desterrado de con quién se va a enfrentar!

El mensajero regresó en cuanto pudo. Mio Cid comprendió que no podía librarse de la batalla.

—Vamos, caballeros. Poned el botín a buen recaudo, guarneceos y corred a las armas. El conde don Ramón nos presenta una buena batalla, trae consigo a muchos moros y cristianos y no va a dejarnos marchar sin lucha. Si continuamos, nos alcanzará, de manera que demos aquí la cara. Apretad las cinchas[12] y empuñad las armas. Ellos vienen cuesta abajo, con buenas calzas, con las sillas flojas y las correas sueltas. Nosotros cabalgamos en sillas gallegas y botas sobre nuestras calzas. ¡Cien caballeros podemos vencerles! Antes de que lleguen al llano, arrojemos nuestras lanzas, y por cada uno que acertéis, quedarán vacías tres sillas. ¡Ya verá Ramón Berenguer a quién ha querido perseguir hoy en este pinar de Tevar para quitar el botín!

Todos se prepararon cuando el Cid calló, empuñaron las armas y montaron a caballo. Los catalanes se apresuraban cuesta abajo, y cuando llegaron al llano, el Cid, que en buena hora nació, mandó que los alancearan[13]. Los suyos le obedecieron de

---

[12] *cinchas:* las correas de los caballos.
[13] *alancearan:* herirlos con las lanzas.

buena gana, usando tan bien los pendones y las lanzas que herían a unos y derribaban a otros. El que en buena hora nació venció la batalla. Apresó al conde don Ramón, y ganó la espada Colada, que estaba valorada en más de mil marcos de plata.

Y venció así esta batalla para más honra de su barba. Aprisionó al conde y se lo llevó a su tienda; se lo encomendó a sus servidores y luego salió. Sus hombres se acercaron y al Cid le alegró comprobar el enorme botín. Le prepararon una magnífica comida, pero el conde don Ramón no hizo el menor caso. De nada servía que le trajeran las viandas y se las presentaran. Él no quiso comer nada, y despreciaba a todos.

—¡No probaré bocado, ni por todo el oro de España! Antes perderé el cuerpo y renunciaré a mi alma. ¡Me han vencido unos desarrapados!

—Conde, comed de este pan y bebed de este vino —dijo el Cid—. Si hacéis lo que os digo, dejaréis de ser un prisionero. Si no, no volveréis a ver un cristiano en lo que os queda de vida.

—Comed, don Rodrigo —dijo el conde don Ramón—. Alegraos. Yo quiero dejarme morir, y no quiero comer.

Hasta el tercer día no lograron convencerle. Mientras aún estaban repartiéndose el botín, no lograron ni que comiera una migaja de pan.

—Comed algo, conde —dijo el Cid—. Si no coméis, os aislaré. Si coméis como yo os digo, os liberaré a vos y a dos de vuestros hidalgos.

El conde se regocijó cuando escuchó eso.

—Si hacéis lo que habéis dicho, Cid, me sorprendería mucho.

—Pues comed, conde, y os liberaré a vos y a otros dos cuando hayáis comido. Pero sabed que de lo que os he ganado en el campo de batalla no os devolveré ni un mal dinero. Me hace mucha falta a mí y a mis vasallos, que andan desarrapados. ¡No os lo daré! No me queda más remedio que conseguirlo de vos y de otros. Tendremos esta vida mientras quiera Dios, así nos toca a los que incurren en la ira real y son desterrados.

El conde se alegró mucho y pidió agua para lavarse las manos, que le trajeron enseguida. Con los caballeros que el Cid liberaría, el conde come con magnífico apetito. A su lado estaba el que nació en buena hora.

—Conde, si no coméis hasta que yo quede satisfecho, aquí os quedáis y no nos separaremos.

—Si ya como —dijo el conde.

Con los dos caballeros comía a buen paso, y el Cid, que era lo que esperaba, se alegró. El conde, como veía que el Cid esperaba por él, se daba aún más prisa.

—Si os parece, Cid, podemos marchar ahora mismo. Mandad que nos den un caballo y nos iremos enseguida. Desde que me nombraron conde, nunca había comido más a gusto, y no olvidaré el placer que he sentido.

Les dieron tres palafrenes[14] muy bien ensillados y ropas buenas, pellizas y mantos. El conde don Ramón se emplazó entre los dos caballeros y el castellano salió a despedirlos en la salida del campamento.

—¡Marchad libre, buen conde! Gracias por los bienes que me habéis dado. Si se os pasa por la mente vengaros y me venís a buscar, me encontraréis. Y si no, me mandáis a buscar. O me dejaréis más de lo vuestro u os llevaréis algo de lo mío.

—Disfrutadlo, Cid, que os quedáis a salvo. Ya os he pagado por todo este año y no creo que se me ocurra veniros a buscar.

El conde espoleó el caballo y marchó a toda prisa. Volvía la cabeza, mirando atrás, temeroso de que el Cid se arrepintiera, cosa

---

[14] *palafrenes:* caballos mansos en que montaban las damas, príncipes y reyes, para hacer una entrada triunfal.

que no haría el muy prudente por nada del mundo, porque no incurrió nunca en tal deslealtad.

Cuando se marchó el conde se reunió de nuevo el de Vivar con sus mesnadas, y se entregó a la alegría por el enorme y magnífico botín que habían conseguido.

Cantar II

Cantar de las bodas de las hijas del Cid

I. El Cid se dirige a Valencia (1085-1169)

Aquí comienza la gesta de Mio Cid el de Vivar.

Los suyos eran tan ricos que ya no sabían ni lo que tenían. El Cid había ocupado el puerto de Olocau; cada vez más lejos de Zaragoza, había dejado Huesca y las tierras de Montalbán. Comenzó a guerrear al lado de la mar salada. El sol sale por Oriente: allá se dirigió el Cid, y conquistó Jérica, Onda, Almenara y las tierras de Burriana. Le amparaba el Creador, el Señor del Cielo, y así pudo conseguir Murviedro, porque vio que Dios le ayudaba. En la ciudad de Valencia había mucho miedo.

Sabed que a los de Valencia no les gustaba, sino que lo miraban con temor, de manera que decidieron en un consejo ponerle sitio. Salieron de noche, y con el alba plantaron las tiendas en torno a Murviedro. Cuando los vio, el Cid se maravilló.

—¡Gracias a Dios, Padre espiritual! Andamos por sus tierras y les hacemos todo tipo de males. Nos bebemos su vino, nos comemos su pan, de manera que si nos vienen a asediar, tienen todo el derecho. Esto no tiene más solución que presentarles batalla. Lleven mensajes a aquellos que tienen la obligación de ayudarnos: unos a Jérica, otros a Olocau. Unos a Onda, otros a Almenara, y que también acudan los de Burriana. Empecemos la batalla campal. Yo confío en Dios que todo nos saldrá bien.

Al tercer día se habían reunido ya todos, y el que en buena hora nació se dirigió a ellos.

—¡Oíd, mesnadas! ¡Que Dios os salve! Desde que abandonamos la limpia cristiandad, y no lo hicimos por nuestra voluntad ni de buen grado, nos han salido siempre bien las cosas. Los de Valencia nos tienen cercados; si queremos continuar en esta tierra, no tenemos más remedio que darles un buen escarmiento. Que pase la noche y llegue la mañana. Preparad los caballos y las armas. Atacaremos su ejército: somos desterrados en tierra extraña. Allí se verá quién sabe ganarse los sueldos.

—Campeador, lo haremos como indiquéis —dijo Minaya Álvar Fáñez—. A mí dadme cien caballeros, no os pido más. Id vosotros delante con el resto y luchad fuerte y sin miedo, mientras ataco con los cien por otra parte. ¡A Dios encomiendo que el campo sea nuestro!

Al Campeador le pareció bien lo que dijo. Amaneció y se armaron todos. Cada uno de ellos sabía lo que tenía que hacer. Con el alba, el Cid salió a por ellos.

—¡En nombre del Creador y del apóstol Santiago! ¡Matadlos, caballeros, con saña y de corazón! ¡Yo soy Ruy Díaz, Mio Cid de Vivar!

Veríais allí cómo las cuerdas de las tiendas se rompían, cómo se arrancaban las estacas y cómo se derrumbaban los tendales. Los moros, que eran muchos, intentaban recuperarse. Por el otro lado irrumpió Álvar Fáñez, y aunque no lo desearan, se dieron a la fuga. A caballo escaparon los que pudieron. En la huida mataron dos emires moros, y al resto los persiguieron hasta Valencia.

El Cid consiguió grandes riquezas. Apresaron Cebolla y cuanto tenían delante. Robaron el campo y planearon regresar. Entraron a Murviedro con aquella inmensa fortuna a cuestas. Sabed que las noticias sobre el Cid se propagaron rápidamente. Los de Valencia sintieron tanto miedo que no sabían qué hacer, y hasta el otro lado del mar se propagaron las nuevas del Cid.

El Cid y sus hombres estaban entusiasmados de que Dios les ayudara y les beneficiara en la guerra. En expediciones y correrías nocturnas llegaron a Cullera, a Játiva y más abajo, hasta Denia. Atacaron las proximidades de las tierras de moros, y ganaron Benicadell, con todos sus accesos. Cuando consiguió Benicadell, la pena se extendió por Játiva y por Cullera, y en Valencia ya no escondieron su dolor.

El Cid pasó tres años en tierras de moros, saqueando y venciendo; dormía por el día, y por las noches se ocupaba en conquistar las ciudades.

II. *El Cid en Valencia (1170-1307)*

Los de Valencia estaban tan escarmentados que no se atrevían ni a salir, ni a buscarlo. Les perjudicaba mucho talándoles las huertas y en cada uno de aquellos años, el Cid les privó de pan. Los valencianos se quejaban, y no sabían qué hacer, porque no encontraban pan en ninguna parte. Ni el padre podía socorrer al hijo, ni el hijo al padre, ni el amigo podía consolar al amigo. Señores, es muy triste ver cómo las mujeres y los hijos mueren de hambre por falta de pan. Se encontraban tan desesperados que no podían hacer nada. Enviaron a por el rey de Marruecos, pero éste estaba en guerra con el rey de las Montañas del Atlas y no pudo ni aconsejarles ni acudir en su ayuda.

Lo supo el Cid, y se alegró. Salió de Murviedro una noche y amaneció en tierra de Monreal. Ordenó que se escucharan pregones por Navarra y por Aragón, y también por tierras de Castilla.

—El que quiera olvidarse de sus penas y enriquecerse, que acuda a Mio Cid, que va a poner cerco a Valencia para dársela a los cristianos. Quien quiera venir conmigo a asediar Valencia, que acuda voluntario, y sin ser obligado. Esperaré tres días en el Canal de Cella.

Esto fue lo que dijo Mio Cid, el que en buena hora nació. Regresó a Murviedro, que ya era de su propiedad. Llegaron los pregoneros a todas partes, y mucha gente cristiana acudió rápidamente al olor de la riqueza. La fortuna del Mio Cid el de Vivar iba en aumento. Cuando Mio Cid vio a tanta gente reunida se alegró mucho y no se demoró más. Marchó directamente sobre Valencia, cayó sobre ella, y la asedió con tanta prisa que no le permitió escape. A nadie autorizó ni la salida ni la entrada. Aún todavía les dio un plazo, por si alguien venía a socorrerla. La asedió durante nueve meses, y al décimo se la entregaron.

¡Cuánta satisfacción hubo por aquellos lugares cuando Mio Cid ganó Valencia y entró en la ciudad! Los que eran peones ascendieron a caballeros, y ¿quién podría contar el oro y la plata? Todos los que allí acudieron se hicieron ricos. El quinto que le correspondía al Cid ascendía a treinta mil marcos en metálico. Y en especie, era incalculable. El Campeador estaba entusiasmado, como todos los suyos cuando vieron su enseña en lo alto del alcázar.

Mientras el Cid y sus mesnadas descansaban, la noticia de que Valencia había caído sin poder mantenerse más llegó hasta el rey de Sevilla. Se dirigió hacia allí con treinta mil soldados. Iniciaron la batalla detrás de la huerta, los atacó el Cid, el de la barba larga, y la lucha se prolongó hasta Játiva. Al pasar por el Júcar ya se habían desorganizado. Los moros tuvieron que beber agua muy en contra de su gusto, escapando corriente arriba. El rey de Sevilla escapó con tres heridas, y el Cid regresó con todo el botín. El de Valencia, cuando la tomaron, fue bueno, pero esta batalla les resultó mucho más provechosa. A los que menos, les tocó cien marcos de plata. Ya veis hasta dónde llegaban las noticias de este buen señor.

Todos los cristianos estaban entusiasmados con Mio Cid Ruy Díaz, el que en buena hora nació. La barba le había crecido mucho, porque el Cid había dicho en su día que por amor al rey Alfonso, que lo había desterrado, no entraría tijera en ella ni se cortaría un pelo, y que tanto moros como cristianos lo supieran.

Mio Cid don Rodrigo descansaba en Valencia; a su lado, al alcance de la mano, Minaya Álvar Fáñez. Todos los que se desterraron con él tienen pruebas de su generosidad, porque les dio casas y heredades en Valencia, de las que están muy satisfechos. Los que se unieron a él después también habían recibido lo suyo, y el Cid sabía que si les fuera posible, regresarían a sus casas con lo ganado. De manera que ordenó, por consejo de Minaya, que ninguno de los que habían conseguido algo a su lado se marchara sin despedirse de él y besarle la mano para poner fin a su vasallaje, o se le perseguiría, se le quitaría lo conseguido y lo ahorcarían. Y aún le pidió otro consejo a Minaya.

—Minaya, si os parece bien, quiero saber el número de los que se me han unido a última hora y han sacado provecho de ello. Que se cuenten y se ponga por escrito, y si alguno se esconde o se le echa de menos, tendrá que devolver lo ganado a mis vasallos de Valencia, los que custodian los alrededores.

—Es una buena idea —dijo Minaya.

Mandó que se juntaran todos en la corte, y cuando los tuvo delante los hizo nombrar. Se le alegró el corazón y sonrió cuando supo que tenía tres mil seiscientos hombres.

—¡Gracias a Dios y a Santa María madre, Minaya! Salimos muy pocos de la casa de Vivar, y si ahora tenemos riquezas, tendremos en un futuro muchas más. Si os parece bien y no os molesta, Minaya, os quiero mandar a Castilla, donde están nuestras tierras. Al rey Alfonso, mi señor, quiero mandarle cien caballos, y que se los llevéis vos. Besadle la mano de mi parte, y rogadle encarecidamente que me deje traer conmigo a mi mujer doña Jimena y a mis hijas, las niñas. Si así lo permite, irán a por ellas, y mi mensaje será éste: «El Cid ordena que su mujer y sus hijas pequeñas sean conducidas con todos los honores a las tierras extrañas que él ha ganado para sí y los suyos».

—Muy bien —dijo Minaya.

Comenzaron a preparar el viaje según terminaron de hablar. El Cid le dio cien hombres a Álvar Fáñez para su escolta, y mil marcos de plata para llevar a San Pedro, para que le diera quinientos al abad don Sancho.

Llegó entonces de la parte de Oriente, y para la alegría de todos, un clérigo, el que llamaban el obispo don Jerónimo, muy culto y sensato en todo, y además un buen soldado tanto a pie como a caballo. Iba preguntando por las proezas del Cid, y suspiraba porque de nuevo saliera a combatir a tierra de moros, porque si se hartara de matarlos y herirlos con sus manos ya nunca más tendría que escuchar las lamentaciones de los cristianos. Cuando el Cid lo supo, le gustó.

—Oíd, Minaya Álvar Fáñez, por aquel que está en lo alto. Cuando Dios quiere ayudarnos, está bien que seamos agradecidos. Quiero instaurar un obispado en tierras de Valencia, y dárselo a este buen cristiano. Cuando vayáis a Castilla llevaréis buenas noticias.

A Álvar Fáñez le pareció bien lo que don Rodrigo dijo, y le otorgaron el obispado de Valencia a don Jerónimo, donde estaría muy a gusto. ¡Cómo se alegró toda la cristiandad de tener un señor obispo en las tierras de Valencia! Minaya, muy satisfecho, se despidió y salió de viaje.

III. *Minaya va en busca de la familia del Cid (1308-1621)*

Ya en paz las tierras de Valencia, Minaya Álvar Fáñez partió hacia Castilla. No quiero enumeraros todos los lugares en los que se detuvo. Preguntó dónde podría encontrar al rey Alfonso; el rey había salido hacia Sahagún hacía poco, y de allí a Carrión, donde le resultaría fácil encontrarlo. Satisfecho, Álvar Fáñez partió hacia allá.

El rey Alfonso había salido de misa cuando apareció Minaya, tan apuesto y tan cortés. Se arrodilló ante la mirada de todo el pueblo, y cayó con gran sentimiento a los pies del rey Alfonso, al que besó las manos.

—¡Piedad, señor Alfonso, por amor al Creador! El Mio Cid Campeador os besaría las manos, las manos y los pies, como corresponde a tan buen señor, y os suplicaría que le tengáis piedad, así os salve Dios. No lo queréis ya, y lo desterrasteis; él se las arregla bien en tierra extraña. Ha ganado Jérica, y la que llaman Onda, Almenara y Murviedro, que es mejor todavía. Hizo lo mismo con Cebolla, y con Castellón de la Plana, y con Benicadell, que es una peña muy alta. En fin, es señor de Valencia, y ha nombrado un obispo, y ha ganado cinco batallas campales en las que se ha batido. Dios le ha otorgado grandes ganancias, y aquí os traigo las pruebas de que os cuento la verdad: cien caballos, buenos corredores, fuertes y con sus sillas, y sus frenos, que el Cid os suplica, besándoos las manos, que aceptéis. Él se tiene por vuestro vasallo y os tiene por su señor.

El rey se santiguó con la mano derecha.

—¡Válgame San Isidro! Me complacen de corazón esas ganancias que ha obtenido el Campeador, y me entusiasman sus hazañas, y acepto los caballos que me envía como regalo.

Pero lo que alegró al rey, puso furioso a García Ordóñez.

—Cualquiera diría que no queda un hombre vivo en tierra de moros, ya que Cid lo consigue todo tan fácilmente.

—Callaos —dijo el rey al conde—. Me sirve él mejor que vos.

—El Cid os pide un favor —dijo Minaya, el excelente hombre—. Si os place, pide que le dejéis llevarse a Valencia a su mujer, doña Jimena, y a sus dos hijas, que saldrían del monasterio donde él las dejó.

—Me parece bien —dijo el rey—. Hoy mandaré órdenes de que mientras viajen por mis tierras se las proteja de todo mal y deshonor. Cuando lleguen a la frontera estas damas, cuidaréis de ellas vos y el Campeador. ¡Escuchadme, cortesanos! No quiero que el Cid pierda nada. A todos aquellos que le reconocen como señor, les devuelvo todo aquello que les habíamos tomado. Aunque se encuentren al lado del Cid, conservarán sus heredades. No recibirán ningún daño ni serán muertos, y esto lo hago para que sirvan bien a su señor.

Minaya Álvar Fáñez le besó las manos, y el rey sonrió.

—Los que quieran ir a servir al Cid, que lo hagan con mi autorización y la gracia de Dios. Ganaremos más con esta merced que con cualquier castigo.

Entonces los infantes de Carrión hablaron entre ellos.

—Las hazañas del Cid Campeador aumentan constantemente. Haríamos bien casándonos con sus hijas, que nos traerían mucho provecho. Pero no nos atrevemos a proponerlo... ¡él es un cualquiera de Vivar, y nosotros los condes de Carrión!

No se lo dijeron a nadie, y así quedó aquello. El buen Minaya Álvar Fáñez se despidió del rey.

—¿Ya os vais, Álvar Fáñez? ¡Id con Dios! Llevaos un mensajero real, que os puede ser de utilidad. Si os lleváis a las señoras, que las atiendan como deben. Hasta Medinaceli, que les proporcionen lo que necesiten, y de ahí en adelante se preocupe por ellas el Campeador.

Minaya se despidió y dejó la corte. Los infantes de Carrión acompañaron a Minaya Álvar Fáñez.

—Vos que sois en todo bueno, hacednos un favor. Saludad de nuestra parte al Cid, y decidle que le favoreceremos en lo que podamos. El Cid no perderá nada por tenernos de su parte.

—Esto no me cuesta ningún trabajo —repuso Minaya.

Minaya se fue, y los infantes regresaron. Se dirigió a San Pedro, donde aguardaban las damas, que se alegraron mucho al verle llegar. Bajó del caballo, escuchó misa y se dirigió a las damas.

—Ante vos me humillo, doña Jimena, a vos y a vuestras dos hijas Dios os guarde de todo mal. El Cid os saluda desde la distancia. Lo dejé sano y con fortuna. El rey me ha concedido la merced de llevaros a Valencia, que ahora es nuestra. Nada complacería más al Cid que veros sanas y libres de todo mal.

—¡Así sea! —dijo doña Jimena.

Minaya envió dos caballeros a Valencia.

—Decidle al Campeador, al que Dios guarde, que el rey me ha encomendado a su mujer y a sus hijas, y que nos ha dado salvoconductos mientras atravesamos sus tierras. De aquí en quince días, Dios mediante, nos reuniremos con él su mujer, sus hijas y las damas que las acompañan y las sirven.

Se fueron los caballeros a cumplir con lo ordenado y Minaya Álvar Fáñez permaneció en San Pedro. Por todas partes llegaban caballeros que querían ir a Valencia con el Cid de Vivar, y rogaban a Álvar Fáñez que los tuviera en cuenta.

—Sí, sí, claro —les decía a todos Álvar Fáñez.

Se les unieron sesenta y cinco caballeros, sin contar los cien que había traído consigo. Eran una buena escolta para las señoras. Minaya le dio los quinientos marcos al abad, y os diré qué hizo con los otros quinientos: el buen Minaya pensó en proveer a doña Jimena, a las niñas y la las damas de su cortejo de los mejores vestidos y adornos que se encontraran en Burgos, y de mulas y palafrenes bonitos. Cuando las damas tuvieron todo dispuesto pensó en emprender la marcha, pero entonces Raquel y Vidas se arrojaron a sus pies.

—¡Por Piedad, Minaya, caballero de pro! El Cid nos arruinará si no nos ayuda. No le cobraríamos intereses si nos devolviera lo que le hemos prestado.

—Trataré eso con el Cid si Dios me deja llegar allí. Tendréis una buena recompensa por vuestros servicios.

—¡Así lo quiera Dios! De lo contrario, dejaremos Burgos e iremos a buscarlo.

Minaya Álvar Fáñez se marchó a San Pedro para disponer el viaje, con mucha gente nueva. El abad sintió mucho su marcha.

—Que el Creador os proteja, Minaya Álvar Fáñez. Besadle las manos al Cid de mi parte, y que no se olvide de este monasterio, que si lo continúa protegiendo en un futuro, aún aumentará su fama.

—Así lo haré —dijo Minaya.

Se despidieron, emprendieron el viaje y se llevaron consigo al mensajero real. Por todo el reino servía el salvoconducto. En cinco días llegaron de San Pedro a Medinaceli, y aquí dejamos a las damas con Álvar Fáñez.

Os hablaré ahora de los caballeros que le llevaron el mensaje al Cid. Cuando el de Vivar lo oyó, se entusiasmó y así habló:

—Quien envía a buen recadero, puede esperar buenas noticias. Tú, Muño Gustioz, y tú también, Pedro Bermúdez, y tú, Martín Antolínez, el leal burgalés, y el noble obispo don Jerónimo, cabalgad al punto con cien hombres, por si se presentara batalla. Id por Albarracín hasta Molina, que está algo más allá, y de la cual es señor Abengalbón, que es mi amigo. Él os acompañará con otros cien caballeros, y de ahí partid a Medinaceli lo antes posible. Allí, según me han dicho, os encontraréis con mi mujer, mis hijas y Álvar Fáñez. Traédmelas aquí con todos los mimos. Mientras tanto, yo me quedaré en Valencia, que me ha costado mucho conseguirla y sería una locura dejarla sin cuidados. Yo os esperaré aquí, en mis posesiones.

Dicho esto, emprendieron la marcha. Pasaron Albarracín, y descansaron en Bronchales, y al otro día llegaron a Molina. Cuando el moro Abengalbón supo a lo que iba salió a recibirles muy cordialmente.

—¿Venís de parte de mi amigo, como sus vasallos? ¡Sabed que me dais una alegría!

—Saludos de Mio Cid —dijo Muño Gustioz antes que nadie—. Os pide que nos ayudéis con cien caballeros, porque su mujer y sus hijas están en Medinaceli, y os pide que vayáis a por ellas y las escoltéis hasta Valencia.

—De todo corazón —contestó el moro.

Esa noche los agasajó mucho, y a la mañana siguiente se puso en marcha. Le habían pedido cien hombres, pero él salió con doscientos. Pasaron las montañas, que eran altas y abruptas, pasaron el campo de Taranz, y sin dudar se dispusieron a bajar la cuesta del valle de Arbujuelo.

En Medinaceli, con todos los miramientos, estaban los otros. Minaya Álvar Fáñez mandó dos caballeros para que supieran de qué se trataba, y obedecieron prestamente. Uno se quedó con ellos, y el otro regresó a Álvar Fáñez.

—Son las fuerzas del Campeador, que vienen a nuestro encuentro. Están Pedro Bermúdez y Muño Gustioz, que os quieren mucho, y Martín Antolínez, el burgalés, el leal clérigo don Jerónimo, y el alcaide Abengalbón, que trae consigo a los suyos, porque el Cid se lo ha pedido y quiere honrarle. Vienen todos juntos y no tardarán en llegar.

—¡Salgamos a su encuentro! —dijo Álvar Fáñez.

Eso hicieron enseguida, y salieron cien caballeros muy bien armados, en buenos caballos, cubiertos por petrales[15] de cascabeles, cendales[16], escudo al cuello y lanzas con pendones, porque Álvar Fáñez quería demostrar de lo que era capaz, y el lujo con el que había salido de Castilla con las damas.

Los que iban de avanzada tomaron las armas para divertirse, como deporte, y pasaron en estos juegos cerca del Jalón. Cuando

---

[15] *petrales:* correas que afirman la silla y pasan por el pecho del caballo.
[16] *cendales:* tela de seda delgada y transparente.

llegaron los otros, fueron a postrarse ante Álvar Fáñez, y Abengalbón, al mirarlo, le sonrió, se acercó a darle un abrazo y le besó en el hombro, como era su costumbre.

—Dichoso el día en el que os veo, Minaya Álvar Fáñez. Traéis a estas damas tan queridas, la mujer del Cid Campeador y sus hijas, y todos os debemos respeto. Aunque deseáramos haceros mal, no podríamos. Todo lo compartiremos, en paz o en guerra, y al que no lo vea así, lo tengo por estúpido.

Minaya sonrió.

—¡Vamos, Abengalbón, vos sois un buen amigo! Si Dios me permite llegar hasta el Cid y mis ojos le ven de nuevo, me aseguraré de que os recompense este trabajo. Y ahora, pasemos a descansar, que la cena está preparada.

—Gracias por este detalle —dijo Abengalbón—. Antes de que pasen tres días os lo devolveré mejorado.

Entraron en Medinaceli, donde Minaya se ocupó de ellos. Despidió al mensajero real. El Cid pudo darse por honrado en Valencia, por los grandes festines que se les dieron a los suyos en Medinaceli. El rey lo pagó todo, y Minaya no debió gastar nada.

Pasó la noche, llegó la mañana, oyeron misa y salieron a cabalgar. Dejaron Medinaceli, cruzaron el Jalón, picaron espuelas por Arbujuelo, atravesaron en poco tiempo el campo de Taranz, y llegaron a Molina, en la que mandaba Abengalbón. El obispo don Jerónimo no abandonó a las damas ni de noche ni de día. Con un buen caballo, iba ante ellas, con sus armas, y Álvar Fáñez cabalgaba a su lado.

Entraron en Molina, un lugar muy próspero, y el moro Abengalbón los atendió muy bien, sin que el menor capricho no se viera satisfecho. Incluso pagó las herraduras que había que reponer. Y a Minaya y a las damas las trató con exquisita cortesía. Al otro día por la mañana, retomaron viaje y los escoltó hasta Valencia, donde se despidió de ellos sin tomar nada a cambio. En medio de todas estas alegrías, llegaron a tres leguas de Valencia, y mandaron un recado al Cid, el que en buena hora ciñó espada.

El Cid se alegró como nunca en su vida, porque se aproximaban ya sus seres amados. Mandó inmediatamente que salieran al encuentro de Minaya y de las damas doscientos caballeros, y él se quedó custodiando Valencia, porque sabía que Álvar Fáñez se encargaba de todo.

Los doscientos, por tanto, recibieron a Minaya, a las damas y a las niñas. El Cid ordenó a sus servidores que custodiaran el castillo, las torres altas, las puertas, los accesos de la ciudad, y que le prepararan a Babieca, al que había conseguido hacía poco, en la derrota del rey de Sevilla. El Cid Campeador aún no lo había probado, y no sabía si era bueno, y veloz, y quería hacerlo ante su mujer y sus hijas en las puertas de Valencia, donde sabía que estaba seguro.

Las damas fueron recibidas con grandes honores y el obispo don Jerónimo se adelantó para dejar el caballo y entrar en la capilla, donde le esperaban, preparados a toda prisa, los sacerdotes, vestidos con sobrepellices[17] y empuñando cruces de plata.

Así salieron todos a recibir a las damas y al buen Minaya.

No se retrasó el que en buena hora nació. Le ensillaron a Babieca, con coberturas, y él montó en él con hermosas armas. Llevaba un sobregonel[18] que dejaba ver su larga barba. Y en el caballo Babieca echó a correr a tal velocidad que todos se maravillaron. Desde ese momento gozó en España de fama Babieca. Al terminar la carrera, el Cid bajó del caballo y se acercó a su mujer y a sus hijas. Doña Jimena se arrojó a sus pies.

---

[17] *sobrepellices:* vestiduras amplias que se ponen los sacerdotes encima de la sotana.
[18] *sobregonel:* túnica de piel o seda, usada por hombres y mujeres, que vestía el caballero sobre la armadura.

—¡Campeador, que en buena hora ceñiste espada! Me has liberado de la deshonra. Aquí estoy, señor, con vuestras hijas, que para servir a Dios y a vos están ya grandes, hermosas y buenas.

Abrazó a la madre y a las hijas, y lloró de alegría. Los suyos los contemplaban con emoción, mientras algunos de ellos jugaban a las armas y quebraban tablas.

—Vos, doña Jimena —dijo el Cid—, mi mujer, tan querida, tan noble; y mis hijas, que son mi corazón y mi alma, entrad conmigo en Valencia, que para vosotras la he ganado.

La madre y las hijas le besaron las manos, y entraron en Valencia rodeadas de grandes honores. El Cid las condujo al castillo y las hizo subir a lo más alto. Los ojos, tan hermosos, miraban a todas partes; vieron cómo se extendía la ciudad de Valencia junto al mar. Vieron la magnífica y fértil huerta, y alzaron la mano para agradecerle a Dios su fortuna.

El Cid y sus compañeros disfrutaron mucho: el invierno había pasado y comenzaba marzo. Y ahora os contaré noticias del otro lado del mar, del rey Yusuf de Marruecos.

IV. *El rey de Marruecos (1622-1820)*

Al rey de Marruecos le molestaba la suerte del Cid don Rodrigo.

—Se ha metido en mis tierras y al único al que se lo agradece es a Jesucristo.

Mandó convocar a sus huestes y se juntaron hasta cincuenta mil hombres. Se hicieron a la mar en barcas, y fueron a Valencia a buscar a Mio Cid. Llegaron a Valencia, la que había conquistado el Cid. Desembarcaron, plantaron las tiendas, y acamparon allí esas gentes descreídas. El Cid se enteró pronto de ello.

Cantar II

—¡Gloria a Dios y al Padre Espiritual! Todo lo que he ganado está ante mis ojos. Conseguí Valencia con muchos esfuerzos, y es mía y no la dejaré hasta la muerte. ¡Ruego al Creador y a Santa María madre por mis hijas y por mi mujer, que las tengo aquí! No me queda más remedio que salir a luchar. Mis hijas y mi mujer me verán en la batalla. Ahora sabrán cómo se vive en tierras ajenas; sabrán por sus propios ojos cómo nos ganamos el pan.

Subió al castillo a su mujer y a sus hijas, y cuando elevaron los ojos vieron el asentamiento de tiendas

—¡Dios mío! ¿Qué es esto, Rodrigo?

—No os preocupéis, mujer. Esto es la riqueza que nos viene a buscar. Apenas acabáis de llegar, y ya vienen a traeros regalo: tenemos que casar a las niñas. ¿No queréis su ajuar?

—Gracias a vos y a Dios, Cid.

—Mujer mía, quedad en este palacio, en la torre, si queréis, y no os asustéis porque me veáis combatir. Mi corazón se crece de que me miréis. Con la ayuda de Dios y de Santa María, este campo será mío.

Habían levantado las tiendas y ya amanecía. Los atambores resonaban.

—¡Hoy va a ser un buen día! —dijo el Cid, alegremente.

A su mujer se le partía el corazón por el miedo, y lo mismo les ocurría a sus damas y a sus hijas. Nunca habían sentido un temor parecido, en su vida. El Cid se acarició la barba.

—No tengáis miedo, que todo va a salirnos bien. Antes de quince días, si Dios quiere, esos atambores que oís los tendréis delante. Os los traeré para que veáis de qué están hechos, y luego se los daremos al obispo don Jerónimo, para que los cuelgue en el altar de Santa María madre de Dios.

Ése era el voto que había hecho el Campeador. Las damas se tranquilizaron un poco, y perdieron algo de miedo.

Los moros de Marruecos llegaron cabalgando a toda velocidad, sin miedo, por las huertas. Los vio el atalaya[19], y la campana tañó. Las mesnadas del Cid estaban preparadas; se armaron, con gran valor, y se precipitaron fuera de la ciudad. Atacaron a los moros donde se los encontraron, y, causándoles grandes daños, los arrojaron poco a poco de la huerta. Al final del día, habían matado quinientos moros.

Los persiguieron hasta el campamento. Habían conseguido ya grandes hazañas y regresaron, pero Álvar Salvadórez cayó preso. Los vasallos del Cid regresaron para contárselo, aunque él lo había visto ya con sus propios ojos. El Cid estaba satisfecho de la batalla.

—Oídme, caballeros, no os preocupéis por eso. Si el día de hoy ha sido bueno, ya veréis el de mañana. Antes de que amanezca, armaos todos. El obispo don Jerónimo cantará misa, nos dará la absolución, y a caballo. ¡Y luego, los atacaremos, en nombre de Dios y de Santiago, porque no puede ser de otra manera! ¡Mejor ellos que nosotros!

—¡Así lo haremos! —respondieron todos.

—Si eso es lo que queréis, Cid —dijo Minaya—, dadme a mí otra misión. Prestadme ciento treinta caballeros para la batalla, y cuando vosotros caigáis sobre ellos, yo apareceré por un flanco. Y Dios nos ayudará, o a una de las partes, o a las dos.

—Muy bien —dijo el Cid.

Se acabó el día y llegó la noche. La gente cristiana se estaba preparando, y al segundo canto del gallo, antes del amanecer, el obispo don Jerónimo les dijo la misa, y los absolvió por completo a continuación.

—Al que hoy muera de cara, le perdono todos sus pecados, y que Dios reciba su alma. Y a vos, Mio Cid don Rodrigo, que en buena hora ceñiste espada, os pido que me concedáis una merced

---

[19] *atalaya:* centinela.

a cambio de la misa que os he cantado; que me otorguéis el privilegio de infligir la primera herida.

—Concedido —dijo el Cid.

Salieron todos armados por las Torres de Valencia; el Cid aconsejaba y prevenía a todos los suyos. Dejaron a las puertas de la ciudad a algunos hombres de confianza. Saltó Mio Cid sobre su caballo Babieca, muy bien protegido con toda su guarnición. Con ellos partió la enseña, y salieron de Valencia.

Con el Cid iban cuatro mil, menos treinta, para enfrentarse a los cincuenta mil. Álvar Álvarez y Minaya se situaron en otro extremo, y rogaron a Dios para que la victoria fuera suya.

El Cid tiró de lanza, y cuando se le rompió tomó la espada y mató tantos moros que la sangre reluciente le goteaba hasta el codo. Al rey Yusuf le asestó tres estocadas, pero se le escapó a caballo, y se ocultó en el castillo de Cullera. Hasta allí le siguió el Cid de Vivar, con algunos vasallos, y de allí regresó, muy satisfecho por lo que había conseguido. Ese día supo lo que valía Babieca, desde la cabeza hasta la cola.

Todo el botín quedó en su poder. De los cincuenta mil enemigos calcularon que sólo se habían escapado ciento cuatro. Las mesnadas del Cid asaltaron el campo y encontraron tres mil marcos, entre oro y plata. Lo demás ni se molestaron en contarlo. El Cid estaba alegre, y su mesnada mucho más, porque Dios les había concedido otra victoria campal. Cuando el Cid vio que había vencido al rey de Marruecos, dejó en el campo a Álvar Fáñez para atender a los demás, y entró en Valencia, acompañado de sus cien caballeros. Traía la cofia fruncida, y así entró sobre Babieca con la espada en la mano.

Las damas lo estaban esperando. Él detuvo el caballo ante ellas, y dijo, sin soltar las riendas:

—Os presento mis respetos, señoras. Os he conseguido un buen botín. Mientras me guardabais Valencia, yo he ganado la batalla. Así lo ha querido Dios, con todos sus santos, ya que me han concedido tanta riqueza cuando hace tan poco que vosotras habéis llegado. Ved la espada ensangrentada, y ved mi caballo, sudoroso. Así es como se vence en tierra de moros. Si Dios me da vida, yo os conseguiré que seáis honradas, y que besen vuestras manos.

Así dijo el Cid y bajó del caballo. Cuando lo vieron de pie ante ellas, las damas, las hijas y la noble mujer, se arrodillaron ante él.

—¡Así viváis mil años! Nosotras os obedecemos.

Lo acompañaron a palacio, y se sentaron a su lado en unos preciosos escaños[20].

—Doña Jimena, mujer mía, ¿no me lo habíais pedido? Pues yo quiero casar a estas damas que tan bien os sirven con mis vasallos. A cada una de ellas la dotaré con doscientos marcos, y que se enteren en Castilla de a quién han venido a servir. Respecto a vuestras hijas, tendremos que tratar ese tema con calma.

Todas se levantaron y le besaron las manos, y hubo una gran alegría en el palacio. Así como lo dijo el Cid se hizo.

Mientras tanto, Minaya Álvar Fáñez continuaba en el campo de batalla, anotando y poniendo por escrito lo que habían ganado. Habían conseguido una inmensa fortuna sólo en tiendas, armas y vestiduras. Y os contaré lo mejor de todo: no había manera de hacer inventario de los caballos enemigos, porque todos estaban arreados y no había forma de cogerlos. También había sobrado algo para los moros de la tierra, y al Cid aún le correspondían mil caballos.

Si tanto le tocaba al Cid es porque los otros estaban también bien pagados. ¡Qué hermosas tiendas, y postes tallados habían ganado el Cid y los suyos! La del rey de Marruecos, que estaba apar-

---

[20] *escaños:* bancos con respaldo para tres personas o más.

te de las demás, tenía dos postes labrados en oro. El Cid, muy sensato, pidió que la dejaran en pie y que nadie la tocara.

—Una tienda tan hermosa, y de Marruecos, se la quiero enviar a Alfonso el castellano, para que dé fe de mi riqueza.

Se llevaron todo el botín a Valencia. El buen sacerdote, el obispo don Jerónimo, se hartó de combatir a manos llenas, y perdió la cuenta de a cuántos moros había matado. Tampoco llevaron cuenta del botín que le correspondía, porque el Cid don Rodrigo le había concedido el diezmo de su quinta parte.

Los cristianos de Valencia estaban eufóricos, porque habían ganado en dinero, en armas y en caballos. Doña Jimena y sus hijas se mostraban alegres, y todas las damas del séquito, que se daban ya por casadas.

—¿Dónde estáis, Minaya? —dijo el Cid, sin perder tiempo—. Venid acá, hombre. Veo que no hacéis caso de vuestra parte. Entonces, tomad cuanto queráis de mi quinta, y yo me quedaré con el resto. Mañana por la mañana, forzoso es que salgáis con doscientos caballos de mi quinta, con todos los arreos. Los llevaréis de regalo al rey Alfonso, para que no hable mal del que gobierna en Valencia, y para agradecerle el que me enviara a mi mujer y a mis hijas.

Ordenó que Pedro Bermúdez acompañara a Minaya, y al otro día por la mañana salieron con una compañía de doscientos hombres, con los saludos y los respetos del Cid y los doscientos caballos que le enviaba como presente, fruto de esta batalla, y la orden de decirle que le serviría mientras le quedara alma.

V. *El rey se ablanda (1821-1958)*

Salieron de Valencia y comenzaron a caminar con gran cuidado, ya que llevaban grandes riquezas. Caminaron día y noche, y pasaron la sierra que divide las dos tierras, y preguntaron por el rey Alfonso.

Pasaron sierras, montañas y ríos, y llegaron a Valladolid, donde se encontraba el rey Alfonso. Pedro Bermúdez y Minaya Álvar Fáñez le mandaron recado para que saliera a recibir a su compañía, que le traía los regalos del Cid.

El rey se regocijó muchísimo. Mandó a sus hidalgos que se apresuraran, y él mismo salió en cabeza para recibir los mensajes del que en buena hora nació. Los infantes de Carrión comenzaron de nuevo a cuestionarse qué hacer, y el conde don García, que era su mayor enemigo, también. Lo que a unos favorece, a otros perjudica. Ya estaban a la vista los del Cid, que más que enviados parecían un ejército por sí mismos. El rey Alfonso se santiguó, y se adelantaron Minaya Álvar Fáñez y Pedro Bermúdez. Se arrojaron a los pies del rey y besaron el suelo y sus pies.

—¡Piedad, don Alfonso, nuestro honrado rey! Os besamos en nombre de Mio Cid Campeador, que os tiene por señor y se considera vuestro vasallo y tiene en mucho aprecio los favores que le habéis hecho. Hace unos días, rey, en una batalla con el rey de Marruecos, llamado Yusuf, el Cid derrotó a cincuenta mil hombres, y se hizo con un grandísimo botín. Todos sus vasallos se han enriquecido, y a vos os envía doscientos caballos, y os besa la mano.

—Los acepto con mucho gusto —dijo el rey—, y le agradezco al Cid que me haya enviado este regalo. Espero tener ocasión de corresponderle.

Esto agradó a muchos, que se acercaron a besar su mano, pero no al conde don García, que, muy enfadado, se retiró con diez de los suyos.

—Me maravilla que el Cid logre tanto. Cuanto más consigue él, menos logramos nosotros. Y por esa tontería de vencer a los reyes en batalla, como si se los encontrara muertos, y no tuviera más que arrebatarles los caballos, es posible que nosotros resultemos perjudicados.

—¡Bendito sea Dios, y bendito San Isidoro de León! —dijo el rey—. El Cid me envía estos doscientos caballos, y en el futuro, en mi reinado, aún me servirá mejor. A vos, Minaya Álvar Fáñez, y también a Pedro Bermúdez, quiero daros ricas vestiduras, y que se os provea de las armas que escojáis, para que regreséis con gran apariencia a Mio Cid. Os doy tres caballos, escogedlos entre estos. Tengo la intuición, y la voluntad me lo dice también, de que todo esto será para bien.

Le besaron las manos en señal de agradecimiento, y entraron a descansar. Se ordenó que los proveyeran de cuanto necesitaran.

Volvamos ahora a los infantes de Carrión, que intrigaban para lograr lo mejor para ellos.

—Los asuntos del Cid progresan; pidámosle a sus hijas en matrimonio, que nos convendrá para ascender más rápido, y llegar más lejos.

Y se acercaron con esa súplica al rey:

—Os suplicamos un favor, como a rey y señor. Con vuestra licencia queremos que nos pidáis en matrimonio a las hijas del Cid, porque deseamos casarnos con ellas, para nuestro bien y para su orgullo.

El rey pensó sobre ello largo rato.

—Yo eché de su tierra al Cid Campeador, y después de haberle causado yo tanto mal, y él haberme devuelto tanto bien, no sé si esa boda será de su agrado. Pero ya que me lo pedís, lo haré por vos.

El rey mandó llamar a Minaya Álvar Fáñez y a Pedro Bermúdez, y se los llevó aparte.

—Oídme, Minaya, y vos también, Pedro Bermúdez. Ruy Díaz, el Cid Campeador, me sirve como buen vasallo, y yo le otorgaré mi perdón, que se lo tiene merecido. Que venga a verme, que me agradará mucho. Hay novedades en la corte. Diego y Fernando, los infantes de Carrión, quieren casarse con sus dos hijas. Sed buenos mensajeros: os ruego que le digáis esto al buen Campeador. Con ellos obtendrá honra y crecerá en nobleza, si se une a los infantes de Carrión.

—Se lo diremos, como nos decís, y después que él obre como le parezca —dijeron.

—Y decid también a Ruy Díaz, el que en buena hora nació, que me veré con él donde a él le parezca mejor, y que plantaremos la enseña donde él quiera. Deseo complacerle en lo que depende de mí.

Se despidieron del rey y regresaron con estas noticias. Regresaron a Valencia con todos los suyos, y cuando el Cid lo supo, cabalgó deprisa y salió a recibirlos. Les sonrió y les abrazó.

—¿Qué hay, Minaya Álvar Fáñez y Pedro Bermúdez? No hay hombres como vosotros en la faz de la tierra. ¿Qué noticias traéis del rey, mi señor? ¿Está contento? ¿Aceptó el regalo?

—Lo aceptó muy complacido —dijo Minaya—, quedó muy contento, y os devuelve su favor.

—¡Gracias a Dios! —dijo el Cid.

Y entonces comenzaron la conversación y le comunicaron la petición de Alfonso el de León, para que sus hijas se casen con los infantes, porque aumentaría así su linaje y su honra. Y que se lo aconsejaba de corazón.

El Cid escuchó y meditó por un largo tiempo.

—Doy gracias a Nuestro Señor Jesucristo —dijo—. Fui desterrado y deshonrado, y con gran esfuerzo conquisté lo que tengo ahora. Agradezco a Dios que el rey me devuelva su amor, y que me pida a mis hijas para los infantes de Carrión. Son muy orgullosos, y parten y reparten en la corte. No me gusta esta boda, pero ya que me la recomienda el rey, que vale más que yo, hablemos de ello, pero en secreto. Y que Dios nos traiga lo mejor.

—El rey Alfonso nos dijo, además, que se vería con vos donde os pareciera mejor, porque quiere encontrarse con vos y de-

mostraros su afecto, y a partir de ahí decidir lo que más os convenga.
—Muy bien —dijo el Cid.
—¿Dónde ha de ser la entrevista, entonces? —preguntó Minaya Álvar Fáñez.
—Si el rey me mandara llamar, yo le iría a buscar donde estuviera, para mostrarle mi respeto como a rey y señor. Pero ya que desea que sea yo quien decida, que sea junto al Tajo, que es un hermoso río, y que mi señor acuerde cuándo.
Escribieron las cartas, las selló, y las envió con dos caballeros. Lo que deseara el rey, eso mismo haría el Cid Campeador.

VI. *El encuentro con el rey (1959-2183)*

Cuando llegaron las cartas al noble rey se le alegró el corazón:
—Saludadme a Mio Cid, que en buena hora ciñó espada. Que las vistas sean en tres semanas, y allí estaré yo sin falta.
Regresaron sin detenerse hasta el Cid. Los dos bandos comenzaron a preparar el encuentro. ¿Cuándo vio Castilla tanta mula guarnecida, tanto palafrén de bonita estampa, y veloz, tantos pendones vistosos en costosas astas, y escudos con el centro de plata y de oro, y mantos, y pieles, y buenos cendales de Andria? El rey mandó que se dispusieran víveres suficientes a las orillas del Tajo, donde tendrían lugar las vistas. Con el rey se llegaron muchas personalidades. Los infantes de Carrión estaban eufóricos: gastaban con unos, y pagaban a otros, y pensaban que se iban a enriquecer con oro y plata hasta hartarse.
El rey don Alfonso cabalgó deprisa, llevándose consigo a los condes, las autoridades y gran parte del ejército. Los infantes de Carrión llevaban su propio séquito. Con el rey iban leoneses,

gallegos, e innumerables castellanos. A toda rienda se dirigieron hacia las vistas.

También se preparaba para ello el Cid Campeador en Valencia. Mulas robustas, excelentes caballos muy veloces, armas valiosas, capas, mantones y pieles costosos, y todos, niños y mayores, vestidos con trajes de vistosos colores. Minaya Álvar Fáñez, Pedro Bermúdez, Martín Antolínez, el buen burgalés, Martín Muñoz, el gobernador de Montemayor, y el preclaro sacerdote don Jerónimo, obispo de Valencia, Álvar Álvarez y Álvar Salvadórez, Muño Gustioz, el valiente, Galindo García, el de Aragón... todos acompañaban a su señor, y sus servidores hacían lo mismo.

A Álvar Salvadórez y a Galindo García, el de Aragón, les encargó el Cid que custodiaran celosamente Valencia, y a sus moradores, y que no se abrieran, ni de noche ni de día las puertas del castillo, porque dentro quedaban su mujer y sus hijas, su alma y su corazón, y el resto de las damas. Y, por prudencia, ordenó que no saliera ninguna de ellas del castillo mientras él no regresara.

Salieron de Valencia y picaron espuelas. Todos aquellos caballos, grandes y veloces, los ganó el Cid, que no fueron regalo de nadie. Se fue para las vistas que había solicitado el rey.

El rey don Alfonso había llegado un día antes; cuando vio que el Cid Campeador se acercaba, salieron a recibirlo con grandes honores. Al ver esto, el que en buena hora nació, mandó que los suyos se detuvieran, salvo los más queridos a su corazón. Echó pie a tierra con unos quince caballeros, como estaba establecido; se arrojó al suelo, mordió la hierba y lloró de alegría, mientras rendía acatamiento a su señor. El rey don Alfonso, muy conmovido, le habló inmediatamente.

—Levantaos, Cid Campeador. Besadme las manos, y no los pies, si no queréis que me enfade.

El Campeador continuaba postrado.

—Os pido una merced, mi señor; os pido vuestro perdón de rodillas, y que me escuchen todos los presentes.
—Os lo concedo de corazón —dijo el rey—, y os devuelvo mi favor, y os doy la bienvenida a este reino desde este día.
—Gracias, mi señor Alfonso —dijo el Cid—. Acepto vuestro perdón. Doy gracias a Dios, y luego a vos, y a estas mesnadas que me rodean.
Aún de rodillas, le besó la mano, y después se puso en pie y le besó en la boca. Todos los demás se emocionaron, salvo Álvaro Díaz y García Ordóñez, que estaban muy disgustados.
—Gracias al Creador he conseguido el perdón del rey —dijo el Cid—. Siempre me ayuda en todo. Señor rey, si lo deseáis, seréis mi huésped.
—Hoy no —contestó el rey—. Acabáis de llegar, y nosotros estamos aquí desde ayer. Vos debéis ser mi huésped, Cid Campeador. Mañana haremos como gustéis.
El Cid le besó la mano y accedió. Entonces se acercaron a saludarle los infantes de Carrión.
—Os saludamos, Cid, que en buena hora nacisteis. En lo que podamos, contad con nuestra ayuda.
—Así sea —dijo el Cid.
Mio Cid Ruy Díaz, que en buena hora nació, fue en aquel día huésped del rey. El rey no se hartaba de mirarlo, lleno de cariño. Observaba su barba, que le había crecido tanto y tan deprisa. Todos los que veían al Cid se la admiraban.
Pasó el día, llegó la noche, y el sol brilló claro por la mañana. El Cid ordenó a los suyos que prepararan la comida para todos; y con el sueldo que les pagaba el Cid Campeador todos trabajaban con precisión y con alegría. Al menos en tres años no habían comido mejor.
Al día siguiente, por la mañana, en cuanto salió el sol, el obispo don Jerónimo cantó misa, y después se reunieron todos. El rey comenzó a hablar.

—¡Oídme, mesnadas, condes, infanzones! Quiero pedirle algo al Cid Campeador. Quiera Cristo que sea para su bien. Os pido que deis a vuestras hijas, doña Elvira y doña Sol, como esposas a los infantes de Carrión. De ese casamiento se ha de derivar gloria y honra. Ellos me las piden, y yo os lo aconsejo. Y quiero que los que están aquí, de uno y otro bando, se unan a mi ruego. ¡Dádnoslas, Cid, y que os ampare el Creador!

—No debería casarlas —dijo el Cid—, porque son muy pequeñas, y aún no tienen la edad para ello. Los infantes de Carrión son un gran partido, buenos para mis hijas, y aun para otras mejores que ellas. Yo las engendré, vos las criasteis. Ellas y yo estamos en vuestras manos. Disponed como os plazca de doña Elvira y de doña Sol. Dadlas a quien mejor os parezca, que yo quedaré satisfecho.

—Gracias a vos, y a toda esta corte —dijo el rey.

Se pusieron en pie los infantes de Carrión, y se acercaron a besar la mano del Cid. Ante el rey intercambiaron las espadas.

—Gracias, buen Cid —dijo el rey—, predilecto del Creador, por darme así a vuestras hijas para los infantes de Carrión. Desde ahora tomo a doña Elvira y a doña Sol, y las doy por esposas a los infantes. Con vuestro permiso, caso a vuestras hijas. Que sea para bien. Tenéis a vuestro cargo a los infantes de Carrión; que se vayan con vosotros, que yo regreso. Les doy trescientos marcos de plata para costear la boda, o para lo que vosotros queráis. Cuando estén con vosotros, las hijas y los yernos serán todos hijos vuestros. Empleadlos para vuestro provecho.

El Cid los recibió, después de besar la mano del rey.

—Os lo agradezco mucho, mi rey. Sois vos quien casáis a mis hijas, no yo.

Se intercambiaron la palabra y las promesas. Al día siguiente por la mañana, al salir el sol cada uno regresó por su camino. Entonces, el Cid hizo algo muy comentado: todas aquellas mulas tan fuertes, los caballos tan hermosos y las lindas vestiduras comenzó a regalárselas a quienes las querían. Todos pidieron, y él no le negó nada a nadie. Regaló sesenta caballos. Todos los que asistieron a las vistas recibieron su regalo y se fueron, que ya caía la noche.

El rey tomó la mano de los infantes, y las puso en la del Cid.

—He aquí a vuestros hijos, ya que son vuestros yernos. Que en adelante os obedezcan y hagan vuestra voluntad. Que os sirvan como padre y os respeten como señor.

—Os lo agradezco, señor, y los acepto. Que el Dios del cielo os premie. Y os pido un favor: como casáis a mis hijas según vuestra decisión, nombrad a alguien que las reciba en vuestro nombre. Yo no las entregaré, que no se precien de ello.

—Aquí está Álvar Fáñez —dijo el rey—. Que él las tome de la mano y se las dé a los infantes, así como las tomo yo desde aquí, como si ambas estuvieran ante mis ojos. Vos seréis el padrino de la ceremonia, y cuando volvamos a vernos, me lo contaréis.

—Así lo haré, a fe mía —dijo Álvar Fáñez.

Todo esto se llevó a cabo con mucho cuidado.

—Mi rey don Alfonso, para que conservéis algo de estas vistas que hemos celebrado os traigo treinta palafrenes enjaezados, y treinta caballos corredores con sus monturas. Aceptadlos, y beso vuestra mano.

—Me abrumáis —dijo el rey don Alfonso—. Los acepto, y quiera Dios y todos sus santos que este detalle que tenéis os sea recompensado. Me servís muy bien, Cid Ruy Díaz, y me siento satisfecho. Si Dios me da vida, os lo devolveré. Quedad con Dios, yo marcho de estas vistas. A él os encomiendo, para que os proteja.

El Cid se despidió de su señor don Alfonso, sin permitirle que él lo hiciera. Todos los apuestos caballeros besaron su mano.

—Hacednos un favor: concedednos esto. Nos vamos a Valencia, bajo el poder del Cid, para asistir a las bodas de los infantes con doña Elvira y doña Sol.

El rey les concedió el permiso a todos. El séquito del Cid aumentó, y decreció el del rey. Muchos se iban con el Campeador. Se dirigieron a Valencia, que conquistó con sus manos. El Cid encargó a Pedro Bermúdez y a Muño Gustioz, los mejores de su séquito, que se ocuparan de los infantes de Carrión, don Fernando y don Diego, y que averiguaran sus hábitos. Con ellos iba Asur González, el hermano mayor de los infantes, que era muy bullanguero y suelto de lengua, aunque se le fuera toda la fuerza por la boca. Agasajaron mucho a los infantes. Llegaron a Valencia, la del Cid, y recuperaron el ánimo

—Buscad un alojamiento para los infantes —le dijo el Cid a don Pedro y a Muño Gustioz—, y quedaos con ellos, que así os lo ordeno. Mañana al amanecer verán a sus esposas, doña Elvira y doña Sol.

VII. *La boda (2184-2277)*

Todos regresaron a sus aposentos esa noche. El Cid Campeador entró en el castillo, y doña Jimena y sus hijas salieron a recibirlo.

—¿Sois vos, Cid Campeador, el que en buena hora ceñiste espada? Que os veamos por muchos años.

—Aquí estoy, gracias a Dios, querida mujer. Os traigo unos yernos que nos van a traer mucha nobleza. Dadme las gracias, hijas, que os he casado muy bien.

La mujer y las hijas le besaron la mano, y también lo hicieron las damas.

—¡Gracias a Dios y a vos, Cid, el de la hermosa barba! Todo lo que hacéis, lo hacéis bien. Mientras viváis, no pasarán necesidad.

—Cuando nos casemos, seremos ricas.

—Por Dios, mujer, doña Jimena. Hijas, doña Elvira, doña Sol, os reconozco que con este casamiento subimos en nobleza, pero debéis saber que no he sido yo quien lo busqué. Mi señor Alfonso os ha pedido tan insistentemente, y con tanta fuerza, que no he podido decirle que no. Estáis en sus manos, las dos. Creedme: os casa él, no yo.

Comenzaron a adornar el palacio, y cubrieron de tapices y alfombras el suelo y los muros, con púrpura, sedas y paños carísimos. ¡Os hubiera encantado estar allí y probar la comida! Todos los caballeros se reunían para ello. Mandaron traer a los infantes de Carrión, que llegaron enseguida al palacio, a caballo, con ropajes magníficos y atavíos lujosos. Echaron pie a tierra, y entraron con modestia. El Cid los recibió con todos sus vasallos, y ellos se arrodillaron ante él y su mujer, y se sentaron en unos preciosos escaños. Los del Cid, muy discretamente, observaban al que en buena hora nació. El Campeador se puso en pie.

—Ya que hay que hacerlo, ¿a qué estamos esperando? Venid acá, Álvar Fáñez, a quien tanto quiero. Aquí están mis hijas; las pongo en vuestras manos. Ya sabéis que así lo acordamos con el rey, y no quiero apartarme en nada de lo pactado. Dadlas de vuestra mano a los infantes de Carrión, que les den las bendiciones, y acabemos de una vez.

—Ahora mismo —dijo Minaya.

Ellas se levantaron muy erguidas, el Cid las entregó a Minaya, y este se dirigió a los infantes de Carrión:

—Los dos hermanos, poneos ante mí. Por orden del rey Alfonso, y en su nombre, os doy a estas damitas. Ambas son nobles. Tomadlas por esposas, para honor y bien de todos.

Los dos las recibieron con mucho cariño, y besaron la mano del Cid y su mujer. Hecho esto, salieron del palacio y se dirigieron sin tardanza hacia Santa María. El obispo Jerónimo se vistió inmediatamente: los esperaba a la puerta de la iglesia. Los bendijo y cantó la misa.

Al salir de la iglesia se dirigieron, a caballo, al arenal de Valencia, y allí corrieron justas el Cid y sus vasallos con mucha destreza. El Cid cambió tres caballos, y se alegró de comprobar que los infantes de Carrión eran buenos jinetes. Después regresaron a Valencia con las damas. Las bodas se celebraron por todo lo alto en el castillo, y al día siguiente el Cid ordenó que se alzaran siete tablados[21], que rompieron antes de la hora de comer.

Las bodas duraron quince días, y al cabo de ellos, los nobles comenzaron a marcharse. El Cid don Rodrigo había regalado ya cien bestias, entre caballos, mulas y palafrenes, y una cantidad incontable de mantos, pieles, vestidos y moneda acuñada. Los vasallos del Cid también acordaron dar, por su parte, regalos a los invitados. Al que quería dinero, se lo daban, y los que fueron a las bodas regresaron ricos a Castilla.

Los huéspedes se despidieron del Cid, y de las damas, y de los nobles. Se fueron muy agradecidos, y hablando maravillas de ellos. También quedaron contentos don Diego y don Fernando, los hijos del conde don Gonzalo. Regresaron todos a Castilla, salvo el Cid y sus yernos, que se quedaron en Valencia, donde los infantes vivirían por dos años rodeados de atenciones. El Cid estaba satisfecho, y sus vasallos, también. ¡Ojalá hubiera querido Dios y Santa María que el Cid y el que propusiera el matrimonio tuvieran razones para alegrarse!

Aquí acaban las coplas de este cantar. Que el Creador y todos sus santos estén con vosotros.

---

[21] *tablados:* servían en los torneos para arrojar lanzas y dardos hasta derribarlos.

Cantar III

Cantar de la Afrenta de Corpes

Cantar III

I. *El caso del león (2278-2310)*

En Valencia estaba el Cid, con todos sus vasallos. Sus yernos, los infantes de Carrión, le acompañaban. El Campeador se quedó dormido en su escaño, y entonces ocurrió algo inesperado: el león se soltó y salió de su jaula. Todos los de la corte se sintieron espantados. Los del Cid Campeador se libraron de los mantos y rodearon el escaño en el que descansaba su señor. Don Fernando González no encontraba donde meterse, ni una torre ni una habitación abierta, y tuvo tanto miedo que se metió debajo del escaño. El otro, don Diego, salió corriendo, y gritando:

—¡Carrión, no volveré a verte!

Se escondió tras una viga del lagar, donde se manchó el manto y el brial.

Entonces se despertó el que en buena hora nació, y se vio rodeado por sus vasallos.

—¿Qué pasa, mesnadas? ¿Qué queréis?

—¡Ay, señor! ¡Qué susto nos ha dado el león!

El Cid se apoyó en el codo; se levantó, y con el manto prendido al cuello, se dirigió al león. Cuando el animal lo vio, se empequeñeció; bajó la cabeza ante el Cid, y volvió el hocico. El Cid don Rodrigo lo cogió por el cuello y, como si se lo llevara por una rienda, lo metió en la jaula. Todos los que allí estaban se maravillaron, y regresaron al palacio.

El Cid preguntó entonces por sus yernos, y aunque los llamaron, ninguno respondía. Cuando los encontraron venían tan pálidos que toda la corte se moría de la risa, hasta que el Cid pidió respeto. Los infantes se sintieron muy avergonzados, y se compadecían mucho de sí mismos por lo que les había ocurrido.

II. *La segunda batalla por Valencia (2311-2543)*

Mientras ellos se lamentaban de esto, cercaron Valencia los ejércitos de Marruecos. Se asentaron con no menos de cincuenta mil tiendas, por orden del rey Búcar, del que quizás hayáis oído hablar.

El Cid y sus hombres se alegraron, pensando en el botín, y dieron por ello gracias a Dios. Pero a los infantes de Carrión aquello no les gustaba, y miraban con ojos tristes las innumerables tiendas. Los dos hermanos hablaban entre sí.

—Sólo calculamos lo que ganábamos, pero no lo que perdíamos. Ahora no nos queda más remedio que batirnos en la lucha. Seguro que no regresamos a Carrión. Las hijas del Cid se quedarán viudas.

Muño Gustioz los oyó y se lo contó al Cid.

—Mirad lo valientes que son vuestros yernos: por no participar en la batalla añoran Carrión. Idlos a consolar, y que Dios os proteja. Que se queden en paz y no participen en la batalla. Vos y los vuestros nos bastamos, y que sea lo que Dios quiera.

El Cid sonrió y fue a su encuentro.

—Que el cielo os guarde, infantes de Carrión, yernos míos. A mis hijas, que son blancas como el sol, estrecháis entre vuestros brazos. Yo sólo pienso en las guerras, y vos sólo en vuestro Carrión. Quedaos en Valencia, y haced lo que os apetezca, porque para vencer a esos moros ya me basto yo, con la ayuda de Dios.

(En este punto falta una página, posiblemente con unos cincuenta versos; si se reconstruye, como hace Menéndez Pidal, la trama continúa con que Búcar reta al Cid, los infantes piden el honor del primer golpe, pero cuando comienza la batalla don Fernando escapa, despavorido. Pedro Bermúdez mata al moro, y para no avergonzar a don Fernando, accede a decir que fue el infante de Carrión.)

—Os lo agradezco mucho. Si me alcanza la vida, os lo pagaré generosamente.

Se volvieron juntos, y cuando don Fernando se atribuyó el hecho, don Pedro lo consintió. El Cid y todos sus vasallos se alegraron.

—Quizás, si Dios quiere, mis yernos terminen por ser buenos guerreros.

Mientras decía esto, el ejército se les acercaba, y se escuchaban los tambores de los moros. Algunos cristianos recién llegados, que no los habían escuchado nunca, se asombraron. Y los que más asustados estaban eran don Fernando y don Diego, que si fuera por su voluntad, no se encontrarían allí.

—¡Pedro Bermúdez, mi querido sobrino! —dijo el que en buena hora nació—. Cuidad de don Diego y de don Fernando, mis dos yernos, a los que quiero tanto. Si Dios me ayuda, estos moros no se van a quedar ahí.

—Cid, os lo pido por caridad. No me obliguéis a ser la niñera de los infantes. Que los proteja quien sea, que a mí me importan muy poco. Yo quiero atacar al enemigo en vanguardia, con los míos y con vos en retaguardia, para que si hubiera problemas, me socorráis.

Minaya Álvar Fáñez llegó hasta ellos.

—Leal Cid Campeador, escuchadme. El Creador nos concederá esta batalla a vos, porque sois su predilecto. Decidnos por dónde hemos de atacar, y cada uno cumplirá con sus obligaciones. A ver cómo termina esto, con la ayuda de Dios.

—Un poco de calma —dijo el Cid.

El obispo don Jerónimo, muy bien armado, se acercó y se presentó ante el Cid Campeador.

—Hoy os he dicho la misa de la Santa Trinidad. Yo salí de mi tierra y os vine a buscar porque deseaba matar moros. Querría honrar mis manos, y la orden a la que pertenezco, y ser el primero en el ataque. Traigo un pendón nuevo con unas corzas y armas nuevas, y querría estrenarlas, si Dios me deja. Me gustaría mucho, y vos, Mio Cid, me estimaríais aún más. Si no me lo concedéis, me iré de vuestro lado.

—Me gusta lo que me pedís —dijo Mio Cid—. Ahí tenéis a los moros, id a por ellos. Desde aquí veremos cómo pelea el abad.

El obispo don Jerónimo se adelantó para atacarlos y se aproximó hasta el campamento. Debido a su suerte y a la ayuda de Dios, con las primeras estacadas mató dos moros. Rompió la lanza y echó mano a la espada. Hizo muchas proezas el señor obispo, que peleaba muy bien. Mató a dos con la lanza, y a otros cinco con la espada. Los moros, que eran numerosos, lo rodearon, y aunque no le mellaron la armadura, le tiraron muchos tajos.

El que nació en buena hora lo vio. Tomó el escudo, aferró la lanza, espoleó a su magnífico caballo, Babieca, y se arrojó con valor sobre los enemigos. Se introdujo en las primeras filas de moros, y abatió a siete, y mató a cuatro. Quiso Dios que aquí comenzara su victoria. El Cid y los suyos persiguieron a los moros hasta su campamento. Las cuerdas restallaron, las estacas se rompieron y los postes de las tiendas se derrumbaron. Los del Mio Cid expulsaron de allí a los de Búcar.

Los echaron de allí, los persiguieron por un rato. Si estuvierais, hubierais visto cómo los brazos destrozados caían con sus lorigas, cabezas que caían por el campo con sus yelmos, caballos sin jinete que corrían por todas partes. La persecución duró siete millas, y el Cid acechaba a Búcar.

—Ven aquí, Búcar, ya que habéis venido desde el otro lado del mar. Ahora os enfrentáis al Cid, el de la larga barba. Debemos saludarnos, y ser amigos.

—Que Dios me libre de estas amistades —respondió Búcar—. Tenéis la espada en la mano, y azuzáis el caballo. Pero si el caballo no tropieza, o no me tira, no me encontraréis como no sea en el mar.

—¡De eso nada! —dijo el Cid.

El caballo de Búcar era muy bueno, y daba grandes saltos, pero Babieca le daba alcance. Por fin, a tres brazas del mar, el Cid lo alcanzó. Levantó en alto la Colada, y le dio un golpe terrible que le arrancó los rubíes del yelmo, y le abrió la cabeza, hasta la cintura. Mató a Búcar, el rey de más allá del mar, y consiguió la Tizona, que valía mil marcos de oro. Venció aquella magnífica y terrible batalla. Así se ensalzó el Cid y todos los que iban con él.

Regresaron todos con el botín, y con lo que habían apañado en el campamento. Llegaron a las tiendas con el Cid Campeador, que llevaba las dos espadas, que valoraba mucho. Galopaba por encima de aquella carnicería, con la cara al descubierto. Algo vio el Cid que le gustó: alzó sus ojos, y vio venir a Diego y Fernando, los dos hijos del conde don Gonzalo. El Cid se alegró, y sonrió satisfecho.

—¿Estáis aquí, yernos? ¡Sois mis hijos! Ya sé que os gusta la lucha; llevarán buenas noticias sobre vos a Carrión. Que cuenten cómo hemos vencido al rey Búcar. Por Dios y por todos sus santos, sacaremos provecho de esta batalla.

Llegó entonces Minaya Álvar Fáñez, que traía varias espadas clavadas en el escudo, y éste al cuello. No le habían hecho nada las espadas que le arrojaron. Los asesinos no se salieron con la suya. La sangre le corría, brillante, hasta el codo.

—Gracias a Dios, Padre nuestro que estás en los cielos, y a vos, Mio Cid. Matasteis a Búcar, y hemos ganado. Estos tesoros son vuestros, y de vuestros servidores. Y vuestros yernos han destacado, y se han hartado de matar moros y de pelearse con ellos.

—Me alegro mucho de ello —dijo el Cid—, porque si ahora son buenos, luego serán mejores.

El Cid lo dijo con buena intención, pero los infantes se lo tomaron a mal. Llegaron a Valencia con todo el tesoro, y muy contentos todos. Cada uno recibió seiscientos marcos de plata. Los yernos del Cid, cuando tuvieron en su poder estas riquezas, obtenidas en la batalla en la que los habían protegido tanto, se dijeron que nunca les faltaría nada en su vida. Los de Valencia se vistieron con elegancia, con buenas pieles y buenos mantos, y organizaron buenos festines, todos satisfechos.

El día de la victoria de esta batalla y de la muerte de Búcar fue glorioso en la corte del Cid. Él se acariciaba la barba.

—Gracias a Cristo, señor del mundo, ahora tengo lo que deseaba; han luchado en el campo, conmigo, mis dos yernos. Mandarán buenas noticias sobre ellos a Carrión, y con eso ganaremos mejor reputación.

A todos les repartieron increíbles riquezas. Ya habían ganado mucho antes, y las habían puesto a salvo. El Cid, que nació en buena hora, ordenó que todos tuvieran parte en el botín, y que no se olvidasen de la quinta parte que le correspondía. Así lo hicieron todos. En su quinto al Cid le correspondieron seiscientos caballos y muchas acémilas y camellos. Eso se llevó él.

—¡Gracias a Dios! Antes fui pobre, ahora soy rico. Poseo dinero, tierra, oro y heredades, y mis yernos son los infantes de Carrión. Cada vez que Dios quiere, venzo en la lucha. Me respetan tanto moros como cristianos. Quién sabe si en Marruecos, en la tierra de mezquitas, no temen que cualquier noche los asalte, aunque a mí no se me ha ocurrido. No los iré a buscar. Me que-

Cantar III

daré en Valencia, donde, si Dios quiere, me pagarán la paria, o a mí, o a quien yo indique.

Gracias a esta victoria obtenida con tanto esfuerzo toda la ciudad de Valencia y los servidores del Cid se encontraban de celebración. También lo festejaban los infantes de Carrión. Entre los dos habían ganado cinco mil marcos, y se consideraban ricos.

Ellos, con muchos otros, fueron a la corte: el obispo don Jerónimo, el bueno de Álvar Fáñez, tan buen guerrero, y otros muchos, que el Cid había criado en su casa. Cuando llegaron los infantes de Carrión, Minaya Álvar Fáñez los saludó en nombre del Cid Campeador.

—Venid aquí, cuñados, que gracias a vos hoy somos más de lo que éramos.

El Cid, contento al verlos, les dijo:

—Aquí tenéis, yernos míos, a mi noble mujer, y a mis dos hijas, doña Elvira y doña Sol, para que os atiendan y os abracen con todo el alma. Gracias a Santa María, la madre de nuestro Señor, vuestro casamiento os ennoblece, y llegarán muy buenas noticias a las tierras de Carrión.

—Gracias a Dios y a vos, Cid —contestó el infante don Fernando—, hoy contamos increíbles riquezas. Nos hemos ennoblecido en el combate, vencimos a los moros en la batalla, y a ese mal traidor de Búcar. Ocupaos de los demás, porque nosotros ya hemos recibido nuestra parte.

Los vasallos del Cid se sonreían. Unos habían peleado con valor y otros habían perseguido a los moros, pero ninguno había visto entre ellos a don Diego ni a don Fernando. Por estas burlas que recibían y por los desprecios que les hacían noche y día, los dos infantes tomaron una resolución terrible. Los dos hermanos son tal para cual, y conspiraron para cavilar, aunque a nosotros nos pese.

—Volvamos a Carrión, que ya hemos pasado demasiado tiempo en Valencia. Las ganancias que nos llevamos son tan grandes que no podríamos gastarlas en lo que nos queda de vida.

III. *El robledal de Corpes (2544-2762)*

—Pidámosle al Cid Campeador que nos dé a nuestras mujeres. Le diremos que nos las llevamos a tierras de Carrión, a enseñarles nuestras posesiones. Las sacaremos de Valencia y de la tutela del Campeador. Después, durante el camino, haremos lo que queramos, no vayan a echarnos en cara antes lo que ocurrió con el león. ¡Nosotros somos, por nacimiento, condes de Carrión! Las riquezas que nos llevamos ya son muy valiosas, y nos vengaremos en las hijas del Cid.

—Con esta fortuna seremos ricos para siempre. Podemos casarnos con hijas de reyes, o de emperadores, que por algo provenimos de los condes de Carrión. Sí, nos vengaremos en las hijas del Cid antes de que alguien saque de nuevo lo del león.

Se pusieron de acuerdo, y regresaron a la corte, donde Fernando González pidió silencio.

—Dios os proteja, Cid Campeador. Os pedimos a doña Jimena y a vos el primero, y luego a Minaya Álvar Fáñez y a todos los que se han reunido aquí, que nos den a nuestras legítimas esposas. Queremos llevarlas a tierras de Carrión, e instalarlas en las villas que les dimos como arras y prenda: así vuestras hijas verán lo que poseemos, y lo que les corresponderá a nuestros hijos.

—Os daré a mis hijas, y también algo de lo que poseo —dijo el Cid, que no sospechaba nada—. Vosotros les disteis como arras unas villas de Carrión, y yo quiero aportar como ajuar tres mil marcos. Os daré mulas y palafrenes fuertes y buenos para el camino, caballos ágiles, buenos para las carreras, y gran cantidad de paño y seda entretejida con oro. Os daré dos espadas, Tizona y

Colada. Ya sabéis que las he conseguido por mis propios medios. Sois mis hijos, y por eso os doy a mis hijas. Con ellas os lleváis mi corazón. Que sepan en Galicia, en Castilla y en León con cuánta riqueza despido a mis yernos. Tratad bien a mis hijas, vuestras mujeres. Si lo hacéis así, yo os recompensaré.

Los infantes lo prometieron. Les dieron a las hijas del Campeador, y también el resto de lo otorgado. Cuando ya tenían todo lo que deseaban, los infantes de Carrión mandaron cargar las monturas. Hubo mucho movimiento en Valencia. Todos se armaron, y tomaron los caballos, para despedirse de las hijas del Cid, que se iban a Carrión.

Comenzaron a andar y se despidieron. Las dos hermanas, doña Elvira y doña Sol, se arrodillaron ante el Cid Campeador.

—Os pedimos un favor, padre. Vos nos engendrasteis, y nos parió nuestra madre; ante nosotras estáis los dos. Nos enviáis a las tierras de Carrión, y cumplimos lo que nos mandáis, pero os pedimos una merced: mandadnos cartas a Carrión.

El Cid las abrazó y las besó, y la madre aún más.

—Andad, hijas, que Dios os proteja —dijo doña Jimena—. Tenéis mi amor y el de vuestro padre. Id a Carrión, donde están vuestras tierras. Creo que os hemos casado bien.

Besaron las manos al padre y a la madre y recibieron la bendición. El Cid y los suyos comenzaron a cabalgar con gran lujo, armas y caballos. De Valencia salieron los dos infantes, después de decir adiós a las damas y a todos los amigos. Corrieron justas en la huerta de Valencia. El Cid iba alegre, con todos los suyos, pero vio en los agüeros[22] que estas bodas le traerían desgracia. Ya estaban casadas, ya no podía arrepentirse.

---

[22] *agüeros:* procedimiento o práctica de adivinación.

—¿Dónde estás, Félez Muñoz, mi sobrino? Eres primo de mis hijas, y quieres a las dos. Te ordeno que vayas con ellas hasta Carrión, donde verás las arras que les han dado a mis hijas, y regresarás luego a contármelo.

—Así lo haré —dijo Félez Muñoz.

Minaya Álvar Fáñez apareció ante el Cid.

—Volvamos a Valencia, Cid. Con la ayuda de Dios, ya sabremos que han llegado bien a Carrión.

—Os encomendamos a doña Elvira y a doña Sol. Portaos siempre de la manera que nos gustaría.

—Así lo haremos —respondieron los yernos.

El dolor de la separación fue muy grande. El padre lloraba de corazón con las hijas, y también los caballeros del Campeador.

—Escucha, sobrino mío, Félez Muñoz. Iréis por Molina, donde haréis noche. Saludad a mi amigo, el moro Abengalbón; que reciba a mis yernos como mejor pueda. Decidle que las envío a las tierras de Carrión, y que les proporcione lo que necesiten, y que las acompañe hasta Medinaceli, que yo le recompensaré.

Se separaron los unos de los otros con tanto dolor como la uña de la carne. El que en buena hora nació regresó a Valencia, y los infantes se marcharon por Santa María de Albarracín, donde hicieron noche, y después, a buen paso, llegaron a Molina, donde reinaba el moro Abengalbón. Cuando el moro se enteró, se alegró sinceramente, y salió a recibirlos con gozo. Se dedicó a ellos con toda entrega. Al otro día, por la mañana, cabalgó con su comitiva, con doscientos caballeros que agregó. Atravesaron los montes de Luzón. El moro cubrió de regalos a las hijas del Cid, y regaló dos caballos a los infantes. Pasaron Arbujuelo, y Jalón, donde se detuvieron, en cierto lugar que llaman la Ansarera, y el moro no hizo sino mimarlos, por el respeto que sentía hacia el Campeador. Pero los infantes, que vieron la fortuna del moro, de nuevo se juntaron para conspirar.

Cantar III

—Ya que vamos a abandonar a las hijas del Cid, si pudiéramos matar al moro Abengalbón, nos quedaríamos con todas sus riquezas. Lo tendríamos tan seguro como nuestras propiedades en Carrión, y el Cid no podría nunca exigírnoslas.

Mientras hablaban de estas barbaridades, un moro, que entendía bien el latín, los escuchó, y sin guardárselo para sí, se lo dijo a Abengalbón.

—Alcaide, mi señor, tened cuidado con estos, he oído cómo los infantes de Carrión planeaban tu muerte.

El moro Abengalbón, que era un hombre valiente, cabalgaba con doscientos caballeros. Se detuvo ante los infantes y, para gran vergüenza de ellos, les habló así:

—Decidme, ¿qué os he hecho, infantes de Carrión? ¡Yo os he servido con la mejor de las intenciones, y vosotros planeáis mi muerte! De no ser por el respeto que le debo al Cid, os haría tales cosas que el mundo se asombraría, y devolvería sus hijas al Cid, y nunca regresaríais a Carrión. Aquí me separo de vosotros, malvados, traidores, y con el permiso de doña Elvira y de doña Sol, me marcho. A mí, la reputación de los de Carrión me importa muy poco. ¡Quiera Dios, que en sus manos está el mundo, que el Cid no se arrepienta de estas bodas!

Les dijo esto y se marchó. Al pasar por el Jalón aún corrían justas, y el moro regresó a Molina, con mucha prudencia.

Los infantes de Carrión abandonaron la Ansarera, y cabalgaron de día y de noche. A la izquierda dejaron la fuerte peña de Atienza, luego la sierra de Miedes y apretaron el caballo por los Montes Claros. A la izquierda dejaron Griza, la que Álamos habitó (allí estaba la cueva donde encerró a Elfa); a la derecha dejan San Esteban.

Entraron en el robledal de Corpes. Las montañas eran muy altas, las ramas ascendían hasta la nubes y había muchos animales feroces. Allí encontraron un claro, y una fuente limpia, y mandaron asentar la tienda para ellos y los que los acompañaban. Los infantes tomaron a sus mujeres en sus brazos, y se acostaron con ellas. ¡Qué mal iban a demostrarles su amor a la mañana siguiente!

Mandaron cargar las acémilas con bienes muy pesados y que recogieran la tienda en la que habían pasado la noche. Sus criados y parientes fueron por delante de ellos, porque les ordenaron que los dejaran solos. Ni hombre, ni mujer, sólo ellos y sus mujeres, doña Elvira y doña Sol, con las que quieren portarse como les venga en gana. Se fueron todos, y se quedaron los cuatro solos. Y entonces, los infantes de Carrión les revelaron sus perversos proyectos.

—Creedlo, doña Elvira y doña Sol. Vamos a torturaros en estos oscuros montes. Hoy mismo nos marcharemos, y os dejaremos aquí, abandonadas. De las tierras de Carrión no vais a tener ni una migaja. Y cuando el Cid lo sepa, pagará las burlas que recibimos por el león.

Les quitaron los mantos y las pieles, y las dejaron casi desnudas, con la camisa y el brial[23]. Los muy traidores llevaban calzadas las espuelas, y echaron manos de las cinchas y riendas, tan fuertes y resistentes. Cuando las damas vieron esto, doña Sol les dijo:

—¡Por Dios, don Diego, don Fernando! ¡Os lo suplicamos! Tenéis dos buenas espadas, muy afiladas. A esta la llaman Colada, a aquella, Tizona. ¡Cortadnos la cabeza! ¡Seremos mártires! Moros y cristianos dirán que no hemos hecho nada para merecérnoslo, pero no seáis tan crueles con nosotras. No nos hagáis daño, que eso sólo os deshonrará, y os lo harán pagar en vistas, o en las cortes.

De nada sirvió que les rogaran. Los infantes de Carrión comenzaron a golpearlas. Las golpearon sin compasión con las cinchas corredizas, y les clavaron las espuelas donde más les do-

---

[23] *brial:* vestido de seda o tela rica que usaban las mujeres.

liera. A las dos les rasgaron las camisas y la carne. La sangre limpia empapaba los briales, y se les destrozaba el corazón. ¡Ay, qué suerte sería si Dios quisiera que de pronto apareciera el Cid Campeador!

Las maltrataron de tal manera que se desmayaron, con los paños y las camisas ensangrentadas. Se cansaron de golpearlas, y de hacer apuestas sobre cuál de los dos las pegaba mejor. Doña Elvira y doña Sol no podían ya hablar. Las dejaron por muertas en el robledal de Corpes. Les robaron los mantos y sus pieles de armiño. Dejaron a las pobrecitas en camisa y brial, para que las remataran las aves del monte y los animales feroces. Pensaban que estaban muertas, tenedlo en cuenta, y no vivas. ¡Ay, qué suerte sería si Dios quisiera que de pronto apareciera el Cid Campeador!

Los infantes de Carrión pensaban que las habían matado, porque no podían ya ni hablar, y se iban vanagloriando por los montes.

—Ya nos hemos vengado de estas bodas. Ni por amantes deberíamos haberlas tomado, ni aunque nos lo suplicaran. No nos llegan ni a la suela del zapato para mujeres legítimas. Ya nos vamos vengando de la deshonra del león.

IV. *El rescate (2763- 2984)*

Así se iban alabando los infantes, pero ahora os diré que Félez Muñoz, el sobrino del Cid, al que habían mandado que se adelantara, lo había hecho de muy mala gana. Cuando marchaba por el camino, tuvo una corazonada y se apartó de todos los demás para adentrarse en un monte espeso, hasta que comprobara que sus primas venían detrás, o si los infantes de Carrión les habían hecho algo. Los vio venir, y escuchó alguna frase suelta, pero ellos ni le vieron ni lo sintieron, porque si no, no habría escapado de la muerte. Los infantes picaron espuelas y se alejaron. Félez Muñoz siguió el rastro, y encontró a sus primas medio muertas.

—¡Primas, primas! —gritó.

Echó pie a tierra, ató el caballo y corrió hacia ellas.

—¡Ay, primas, primas, doña Elvira, doña Sol! ¿Qué han hecho los infantes de Carrión? ¡Dios los castigue!

Poco a poco las hace volver en sí. Estaban tan desfallecidas que no podían decir nada.

—¡Primas, primas! —gritó, mientras se le rompía el corazón—. ¡Despertaos, por el amor de Dios, mientras es de día, antes de que anochezca y nos devoren aquí las fieras!

Doña Elvira y doña Sol comenzaron a recobrarse. Abrieron los ojos y vieron a su lado a su primo Félez Muñoz.

—¡Haced un esfuerzo, primas, por el amor de Dios! En cuanto los infantes de Carrión me echen en falta se apresurarán en buscarme, y si no nos ayuda Dios moriremos todos.

—Primo, por favor —dijo al fin, con mucho sufrimiento, doña Sol—, dadnos agua, por el amor de Dios, y que mi padre os lo premie.

Con un sombrero que tenía, nuevo y bonito, que había sacado de Valencia, Félez Muñoz cogió agua y dio de beber a sus primas. Estaban muy heridas, y les calmó la sed. Les rogó tanto que logró que se sentaran, les dio ánimos y cariño, hasta que lograron hacer un esfuerzo y las subió a su caballo. Las cubrió con el manto, cogió las riendas y echó a andar.

Los tres estaban solos en el robledal de Corpes, y cuando anochecía salieron de las montañas. Llegaron a aguas del Duero, y Félez Muñoz dejó a sus primas en la torre de doña Urraca, mientras él se fue a San Esteban, donde se encontró con Diego Téllez, que era hombre de Álvar Fáñez. Cuando supo lo ocurrido se conmovió; cogió caballos y bonitos vestidos, y fue a recoger a doña Elvira y a doña Sol. Se las llevó a San Esteban y las atendió allí lo mejor que pudo. Los de San Esteban fueron siempre buena gente; lamentaron mucho enterarse de lo que había ocurrido, y le ofrecieron a las hijas del Cid el tributo de pan, vino y viandas. Allí se quedaron hasta que se recuperaron.

Mientras tanto, los infantes de Carrión alardeaban de lo que habían hecho. Al rey Alfonso le dolió muchísimo saberlo. Cuando la noticia llegó hasta el Cid Campeador, pasó un buen rato meditando.

—Alabado sea Dios —dijo, tomándose la barba—. ¡Bien me han pagado los infantes de Carrión! ¡Por estas barbas, que nadie ha mesado, que no me deshonrarán, y que todavía casaré bien a mis hijas!

El Cid y toda su corte estaban desolados, Álvar Fáñez sobre todo. Minaya cabalgó con Pedro Bermúdez y Martín Antolínez, el burgalés honrado, y doscientos caballeros más del Cid. Les ordenó con toda la autoridad que cabalgaran día y noche hasta que trajeran a sus hijas a Valencia. No se retrasaron, y montaron con apresuramiento, de día y de noche. Llegaron al fuerte castillo de San Esteban, y se alojaron allí por una noche. En San Esteban se supo que Minaya había venido a buscar a sus primas, y los hombres, muy correctos, salieron a recibirle a él y a sus hombres, y a ofrecerle también los tributos. Minaya no quiso aceptarlos, aunque se lo agradeció.

—Gracias, varones de San Esteban —dijo—, por el auxilio que nos habéis prestado en esto que nos ha sucedido. Mio Cid Campeador os lo agradecerá mucho, allá donde esté, y yo lo hago por él aquí. ¡Que Dios os lo pague!

Todos quedaron satisfechos con esto, y se retiraron a descansar para la noche. Minaya fue a ver a sus primas, y doña Sol y doña Elvira fijaron en él sus ojos.

—¡Agradecemos veros como si viéramos al mismo Dios! También vos debéis dar gracias por encontrarnos vivas. Durante los días de viaje os contaremos lo que nos ocurrió.

Las damas lloraban, y Álvar Fáñez y Pedro Bermúdez se unieron a sus lágrimas.

—Doña Elvira, doña Sol, no os preocupéis. Ya estáis sanas, y conserváis la vida, y nada malo os puede pasar. Habéis perdido un matrimonio bueno, pero ganaréis otro mucho mejor, y ya amanecerá el día de nuestra venganza.

Pasaron allí la noche, satisfechos de verse. A la mañana siguiente se ponen en marcha, acompañados hasta Río de Amor por los de San Esteban, que hacen lo que pueden por divertirlos, antes de despedirse y regresar a sus casas. Minaya y las damas continúan el camino. Pasan Alcoceba, dejan a la derecha Gormaz, cruzan por Vadorrey y se asientan en el pueblo de Berlanga. Continúan caminando un día más, y se detienen en Medinaceli, y al siguiente día recorren el trecho entre Medinaceli y Molina. El moro Abengalbón, lleno de júbilo, sale a recibirlos, y en honor al Cid les prepara una comida suculenta. De allí salen derechos a Valencia.

Le llegó esa noticia al que en buena hora nació, que se apresuró a salir a su encuentro a caballo. Estaba lleno de gozo, con sus armas adelante. Abrazó a sus hijas, y las besó, sonriendo.

—¡Hijas mías! ¡Que Dios os proteja! Yo acepté esas bodas porque no me atreví a decir nada. ¡Quiera Dios que en un futuro os vea mejor casadas, y que me pueda vengar de mis yernos, los infantes de Carrión!

Las hijas le besaron la mano, y todos se volvieron a la ciudad. Doña Jimena, su madre, se alegró mucho de verlas. El que en buena hora nació, sin perder tiempo, formó consejo con los suyos y envió un mensaje al rey don Alfonso de Castilla.

—¿Dónde está Muño Gustioz, que es tan buen vasallo? Te eduqué en mi corte para mi bien. Lleva este mensaje a Castilla, al rey Alfonso. Bésale muy respetuosamente la mano de mi parte, como vasallo a su señor, y que se lamente con sinceridad de la injuria que me han inferido los infantes de Carrión. Fue él, y no yo, quien casó a mis hijas. Y ahora las ha abandonado de esta manera. La deshonra que en todo esto hay, sea grande o pequeña, es toda del rey. Me han robado gran parte de mi fortuna, y eso se une a la otra ofensa. Que los cite a vistas, a cortes o a juntas, para que yo pueda ejercer mi derecho contra los infantes de Carrión, porque el rencor me invade el corazón.

Muño Gustioz cabalgó veloz, acompañado de los dos caballeros que le sirven, y de algunos escuderos criados en la casa del Cid. Salieron de Valencia, y cabalgaron todo lo que pudieron, día y noche. Encontraron al rey Alfonso en Sahún. Era rey de Castilla, de León, de Asturias y de Oviedo, y señor de Santiago de Compostela, y los condes gallegos le rendían pleitesía. Muño Gustioz desmontó, se ofreció al Creador y a los Santos del Cielo, y se dirigió a donde estaba la Corte, con los dos caballeros que lo acompañaban. Cuando entraron, el rey los vio y reconoció a Muño Gustioz. Se levantó y lo recibió con respeto. Muño Gustioz se arrodilló delante del rey; le besó los pies.

—¡Piedad, rey Alfonso, que gobiernas sobre tantas tierras! El Cid Campeador os besa los pies y las manos, como vasallo a su señor. Casasteis a sus hijas con los infantes de Carrión, un matrimonio de linaje, porque vos así lo quisisteis, y ya sabéis de qué les ha servido la honra, y cómo nos han ultrajado. Ellos han maltratado a las hijas del Cid Campeador, las han abandonado desnudas y malheridas, desamparadas en el robledal de Corpes, para que las devoraran las aves y las fieras del monte. Sus dos hijas ya están en Valencia, de manera que él os besa manos y pies y os ruega que los llaméis a vistas, juntas o cortes. A él le han ofendido, pero vuestra ofensa es mayor. Y ya que lo sabéis todo, os pide, señor, que os deis por injuriado vos, y que a él le permitáis ejercer su derecho sobre los infantes de Carrión.

El rey lo meditó por largo rato.

—Os digo con toda sinceridad que me duele de corazón, y que tienes razón en esto, Muño Gustioz. Yo casé a sus hijas con los infantes de Carrión. Lo hice con buena voluntad y pensando que favorecería a todos, ¡Ojalá no lo hubiera hecho! Al Cid y a mí nos duele el mismo corazón. Le ayudaré a ejercer su derecho, válgame Dios. No podía imaginarme que pasara algo así. Enviaré mensajeros por todo el reino y pregonarán que convocaré cortes en Toledo, y que acudan a ella condes e infanzones. Mandaré que acudan los infantes de Carrión, para responder en derecho ante el Cid, y decidle que no sufra, si yo puedo evitarlo. Decidle al Cid Campeador, que en buena hora nació, que en siete semanas acuda con sus vasallos a Toledo, donde convoco cortes en honor a él. Saludádmelos a todos, y que no tengan prisa, que de esta ofensa se van a resarcir.

Muño Gustioz se despidió para regresar junto al Cid. Alfonso el castellano cumplió lo que dijo: se lo tomó de manera personal. Envió sus cartas a León y a Santiago, a los gallegos y portugueses, a los de Carrión y a ilustres castellanos, anunciándoles que al cabo de siete semanas se juntaran todos en las Cortes que en Toledo convocaba, y que el que no acudiera no se considerara ya vasallo suyo. En todas sus tierras se dispusieron a obedecer la orden de su señor.

V. *Justicia contra los de Carrión (2985-3249)*

Los de Carrión comenzaron a arrepentirse cuando supieron que había cortes en Toledo. Tenían miedo de que acudiera el Cid Campeador. Pidieron consejo a sus parientes, y rogaron al rey que los dispensara de esa corte.

—Nada de eso, vive Dios —dijo el rey—. Asistirá el Cid, y debéis responderle en derecho, ya que lo habéis ultrajado. Si no lo hicieseis o no vais a mi corte, podéis dejar mi reino, y despediros de mi favor.

Los infantes de Carrión vieron que estaban obligados, y pidieron de nuevo consejo a sus parientes. El conde don García, que como enemigo del Cid buscaba siempre su mal, les aconsejó.

Cumplido el plazo, acudieron a la corte. Entre los primeros en llegar estaba el buen rey Alfonso, el conde don Enrique, el conde don Ramón, padre del emperador, el conde don Fruela y el conde don Beltrán. Llegaron a su reino muchos otros jueces en leyes, los mejores de toda Castilla: el conde don García, al que también llamaban el Crespo de Grañón, y Álvaro Díaz, que mandaba en Oca, y Asur González, y Gonzalo Ansúrez, y los infantes Diego y Fernando, que se trajeron a la corte un gran bando, con intención de zaherir al Cid.

Llegaron caballeros de todas partes, pero no había llegado el que en buena hora nació, y el rey no estaba contento con el retraso. El Cid Campeador apareció al quinto día, con Álvar Fáñez por delante, para que le besara las manos al rey y le avisara de que llegaría esa noche. El rey se alegró mucho, y salió a caballo con su séquito para recibirlo. El Cid llegó bien custodiado por todos los suyos, con un acompañamiento digno de tal señor. En cuanto vio al rey Alfonso, desmontó y vino a rendirle pleitesía.

—¡No, por San Isidoro, no hagáis eso! —dijo el rey—. Montad a caballo, o me disgustaré, y así nos saludaremos de corazón. Lo que a vos os duele, a mí me hace daño en el corazón. Quiera Dios que hoy la corte se honre haciéndoos justicia.

—Amén —dijo Mio Cid. Le besó la mano, y luego en la boca.

—Gracias a Dios que puedo veros, señor. Ante vos me inclino, y ante el conde don Ramón, y el conde Enrique, y cuantos están aquí. Que Dios proteja a nuestros amigos, y sobre todo a vos. Mi mujer doña Jimena, y mis dos hijas, os besan las manos, y os ruegan que compartáis nuestro dolor.

—Lo comparto, vive Dios —dijo el rey.

El rey regresó a Toledo, pero el Cid no quiso pasar del Tajo.

—¡Por piedad, mi rey, que os salve el Creador! Id vosotros a la ciudad, y yo me quedaré en San Servando con los míos. Mis mesnadas se me unirán esta noche. Yo velaré en este santo lugar, y mañana por la mañana entraré en la ciudad y me presentaré en la corte antes de comer.

—Bien —dijo el rey.

El rey entró en Toledo, y Mio Cid Ruy Díaz se aposentó en San Servando. Mandó que encendieran las luces y se iluminara el altar. Quería velar en aquel suelo santo, mientras le rezaba al Creador y hablaba a solas con él. Minaya y los otros buenos varones que le acompañaban estaban ya preparados a la mañana siguiente.

Al amanecer cantaron maitines y prima, y la misa acabó antes de que el sol saliera. Hicieron una buena ofrenda.

—Vos, Minaya Álvar Fáñez, mi mano derecha, iréis conmigo, junto con el obispo don Jerónimo, y Pedro Bermúdez, Muño Gustioz, Martín Antolínez el ilustre burgalés, Álvar Álvarez, Álvar Salvadórez, Martín Muñoz, que nació en buena hora, y mi sobrino Félez Muñoz. Conmigo vendrá el Mal Anda, que sabe de leyes, y Galindo García, el noble de Aragón. Que se unan también más caballeros, de los buenos, hasta que seamos cien. Que se vistan las protecciones para soportar las armaduras, que se pongan las lorigas, brillantes como el sol, y sobre estas las pieles y los armiños. Y para que no se vean las armas, apretad bien los cordones. Bajo las mantas poneos las espadas afiladas y letales. Quiero aparecer así en la corte, para demandar mis derechos y decir mis razonamientos. Si me buscan los infantes de Carrión, me encontrarán con estos cien caballeros.

—Así sea —dijeron todos.

Se prepararon como él había dicho. El que en buena hora nació se puso entonces unas calzas de buen paño y unos zapatos muy primorosos, una camisa de hilo blanca como el sol, con los broches de oro y plata, que llegaba bien hasta el puño. Sobre ella se colocó un brial precioso, de brocado, bordado en un oro que relumbraba por doquier. Encima, una piel roja que acostumbraba a llevar y una cofia de tela tejida en oro, para que nadie le tirase de los cabellos. Se ató la barba, que llevaba muy larga, con un cordón, para tomar todo tipo de precauciones. Se cubrió luego con un manto muy valioso, que admiraban todos. Y con sus cien hombres que había ordenado, salió con prisa, a caballo, de San Servando.

Desmontó en la puerta, y entró con el semblante serio, acompañado de los suyos; él iba en medio, y sus cien hombres lo rodeaban. Cuando le vieron entrar, el rey se puso de pie, y también el conde Enrique, y el conde Ramón, y los que pertenecían a la corte. Lo recibieron con respeto. No quiso levantarse el Crespo de Garañón, ni ninguno de los del bando de los infantes de Carrión.

—Venid acá, Campeador —dijo el rey—. Sentaos a mi lado, en este escaño que vos mismo me regalasteis. Aunque algunos no quieran oírlo, sois el mejor de todos.

El que ganó Valencia se lo agradeció.

—Permaneced en vuestro escaño, como rey y señor. Yo me quedaré aquí con los míos.

El rey lo aprobó, y el Cid se sentó en un escaño labrado, con sus cien hombres alrededor. Todos los que estaban en la corte miraron al Cid, con su larga barba prendida con un cordón. Tenía el aspecto de un hombre respetable. Ni lo miraban de vergüenza los infantes de Carrión. El rey se levantó.

—Oíd, mesnadas —dijo—, que Dios os guarde. Desde que fui nombrado rey no he convocado más que dos cortes: una fue en Burgos y la otra en Carrión. Esta tercera que abro hoy la hago por respeto al Cid Campeador, para que reciba satisfacción de los infantes. Todos sabemos la gravedad de lo que han hecho. Que sean jueces de ello el conde don Ramón y el conde don Enrique, y el resto de los que son neutrales. Meditad sobre ellos, ya que conocéis los hechos, y decidid lo que proceda, porque yo no apruebo injusticias. Que hoy logremos la paz los unos y los otros. Juro por San Isidoro que el que altere esta corte deberá abandonar el reino y perderá mi favor. Yo apoyaré al que tenga razón. Ahora, que pida el Cid Campeador, y luego veremos qué responden los infantes.

El Cid besó la mano del rey, y se puso de pie.

—Mi rey y señor, os agradezco mucho que hayáis convocado esta corte por mí. Esto alego contra los infantes de Carrión: no me deshonra personalmente que hayáis abandonado a mis hijas, porque vos, rey, que las casasteis, es algo que debéis solucionar. Pero cuando sacaron a mis amadas hijas de Valencia, les di dos espadas, Tizona y Colada. Yo las gané en buena lid, y se las di para que con ellas adornaran su nombre y os sirvieran. Cuando dejaron a mis hijas en el robledal de Corpes, no quisieron saber nada de mí y perdieron mi afecto. ¡Ya que no son mis yernos, que me devuelvan mis espadas!

—Tiene toda la razón —otorgaron los jueces.

—Hablemos ahora nosotros —dijo el conde don García.

Y juntándose con los infantes de Carrión, el resto de los parientes y todos los de su bando, intentaron a toda prisa encontrar una respuesta.

—El Cid se muestra muy considerado al no exigirnos hoy por la deshonra de sus hijas. Con el rey Alfonso podremos arreglarnos. Démosle sus espadas, si eso es lo que quiere, y cuando las tenga, se marchará. Se acabó lo que puede pedirnos el Cid Campeador.

Regresaron a la corte tras haber resuelto eso.

—¡Piedad, rey don Alfonso, nuestro señor! No podemos negar que nos dio dos espadas, y ya que las pide y las quiere, se las devolvemos, con vos como testigo.

Sacaron las espadas Colada y Tizona; las pusieron en manos del rey su señor. Las desenvainó, y relumbró toda la corte, porque los pomos y los gavilanes[24] eran de oro, y admiraron a todos. Recibió las espadas, le besó las manos, y volvió al escaño. Las tuvo en sus manos y las miró bien: no se las podían cambiar, porque él las conocía bien. Se le alegró el cuerpo, y sintió que su corazón reía. Levantó la mano y se cogió la barba.

—Por estas barbas, que nadie ha mesado, así comienza la venganza de doña Elvira y doña Sol.

Llamó a su sobrino, y tendiéndole el brazo, le dio a Tizona.

—Tomadla, sobrino, que mejora de dueño.

A Martín Antolínez, el buen burgalés, le entregó con la otra mano a Colada.

—Martín Antolínez, mi buen servidor, tomad a Colada, que la obtuve de un buen guerrero: Ramón Berenguer, de Barcelona. Por eso os la doy, para que la custodiéis bien. Yo sé que si llega el momento, ganaréis mucho con ella y con vuestro valor.

Le besó la mano, tomó la espada y entonces el Cid volvió a levantarse.

—Gracias a Dios, y a vos, mi rey y señor. Ya estoy pagado con mis espadas, Colada y Tizona, pero aún guardo otro pleito con los infantes de Carrión. Cuando sacaron de Valencia a mis dos hijas, les di tres mil marcos de oro y de plata. Yo hice esto, y ellos, lo suyo. Que me devuelvan mi dinero, ya que no son mis yernos.

Aquí veríais las quejas de los infantes de Carrión.

—Decid sí o no —dijo el conde don Ramón.

—Si le dimos sus espadas al Cid —dijeron los infantes—, fue porque no pidió más. Su demanda terminó ahí.

---

[24] *gavilanes:* los hierros que forman la cruz de la espada.

—Si al rey le parece bien, nosotros decretamos que deis satisfacción a lo que pide el Cid.

—Yo así lo ordeno —dijo el rey.

El Cid se puso en pie.

—Decidme si me devolveréis mi dinero, o si diréis que hicisteis con él.

De nuevo se reunieron los infantes de Carrión, pero no sabían qué contestar, porque la suma era muy grande, y ya la habían gastado toda. Regresaron al consejo y contestaron lo que les vino en gana.

—Mucho nos presiona el que ganó Valencia. Si tanto ambiciona nuestros bienes, le pagaremos con tierras de nuestras heredades de Carrión.

—Si esto complace al Cid —dijeron los jueces cuando se pronunciaron—, no se lo prohibiremos. Pero a nuestro juicio, lo que decretamos es que le entreguéis esa suma en esta misma corte.

Ante estas palabras el rey Alfonso habló.

—Sabemos bien en este caso el derecho que ampara al Cid Campeador. De esos tres mil marcos yo tengo doscientos. Me los dieron los infantes de Carrión. Se los quiero devolver, ya que están tan arruinados, para que se los den al Cid. Si ellos los tiene que pagar, yo no los quiero.

—No tenemos dinero en metálico —dijo don Fernando.

—Habéis gastado el oro y la plata —dijo el conde don Ramón—. Emitimos el dictamen ante el rey don Alfonso. Que paguen en especie, y que el Cid Campeador lo acepte.

Los infantes vieron que no podían hacer otra cosa. Hicieron traer multitud de caballos corredores, de mulas robustas, de hermosos palafrenes, de espadas con todos sus arreos. Los tasaron los de la corte, y el Mio Cid lo recibió. Los infantes pagaron los doscientos marcos que tenía el rey Alfonso, y como lo suyo no les llegaba, pidieron prestado. Esta sentencia les había dejado arruinados.

VI. *El reto (3250-3532)*

El Cid tomó lo que le pagaban en especie, y sus hombres lo tomaron bajo custodia. Pero cuando creían que todo había acabado, aún quedaba otra cosa.

—¡Piedad, mi rey, por amor y por caridad! No puedo olvidar el ultraje mayor. Oídme toda la corte, y que compartan mi cólera. A los infantes de Carrión, que me han hecho tanto mal, no puedo sino retarlos. Decidme, infantes, ¿qué mal os hice nunca, en serio, o en broma, o de alguna manera? Hemos de repararlo aquí, a juicio de la corte. ¿Por qué me desgarrasteis el corazón? Yo os entregué a mis hijas a las puertas de Valencia, con todos los honores y muchísimas riquezas. Si no las queríais, perros traidores, ¿por qué os las llevasteis de Valencia con el dinero? ¿Por qué las azotasteis con cinchas y con espuelas? Las dejasteis morir en el robledal de Corpes, para que las devoraran las aves y los animales feroces. ¡Esto os ha rebajado hasta el límite! ¡Si no me dais satisfacción, que lo vea esta corte!

El conde don García se puso en pie.

—¡Por favor, rey, el mejor de España! Ha venido el Cid preparado para estas cortes a propósito. Se ha dejado crecer una larga barba, que mirad el miedo que da. Los infantes de Carrión son de sangre nobilísima, tanto que sus hijas no les sirven ni para la cama. ¿Quién se las ha dado como esposas legítimas? Si las han dejado, tenían todo el derecho. No nos importa lo que diga el Cid.

El Campeador se llevó la mano a la barba.

—¡Loado sea el Dios del cielo y de la tierra! Si esta es larga, fue porque la cuidé. ¿Qué tenéis vos, conde, que decir de mi barba? La he mantenido desde que me salió. No me la ha mesado nunca nadie nacido de mujer, ni moro, ni cristiano. ¡No como yo a vos, conde, en el castillo de Cabra, cuando lo asalté, que no os quedó ni un niño que no la midiera! ¡Aún no os ha crecido como la que os arranqué!

El infante Fernando se puso en pie y habló a gritos.

—¡Olvidaros de eso, Cid! Ya os hemos pagado lo que os debíamos. No iniciéis pelea. ¡Somos de la sangre de los condes de Carrión! Debimos casarnos con hijas de reyes, o de emperadores, porque no nos corresponden las hijas de la baja nobleza. Teníamos derecho a dejarlas, y eso no nos rebaja, al contrario.

El Cid Ruy Díaz vio entre todos a Pedro Bermúdez:

—Habla, Pedro Bermúdez, el mudo, que estás muy callado. Son mis hijas, pero también tus primas hermanas. Me lo dicen a mí, pero te insultan a ti. Si yo respondo antes, tú no podrás luchar.

Pedro Bermúdez intentó hablar. Se le trababa la lengua, y no se expresaba bien, pero cuando comenzó no pudieron frenarle.

—¡Cid, tenéis unas costumbres muy raras! ¡Siempre me llamáis Pedro Mudo en las cortes! Ya sabéis que yo no hablo bien, pero lo que tenga que hacer, por mí no quedará. ¡Mientes, Fernando, en todo lo que habéis dicho! Es el Campeador el que os ha hecho obtener más valor. Voy a contar vuestras mentiras. ¿Os acordáis de cuando peleábamos cerca de Valencia? Pedisteis al Cid las primeras heridas, y cuando visteis un moro, os arrojasteis sobre él, pero antes de atacarle, escapasteis. De no estar yo allí, el moro te hubiera matado; me acerqué a ti, me abalancé sobre el moro y le vencí con los primeros golpes. Os recuperé el caballo, y guardé el secreto. Hasta este día no se lo conté a nadie. Os distéis importancia delante del Cid y de todos; vos habíais matado al moro y realizado esa hazaña. Todos os lo creyeron, pero no sabían la verdad. Sois guapo, pero cobarde. ¡Lengua sin manos! ¿Cómo os atrevéis a hablar? Decidme, Fernando, contestad, ¿no se os viene a la mente lo que pasó en Valencia con el león, que se desató mientras el Cid estaba durmiendo? Y a vos, ¿qué os forzó a hacer el miedo? ¡Os metisteis bajo el escaño del Cid Campeador! ¡Os metisteis donde perdisteis el honor! Nosotros rodeamos el escaño para proteger el sueño de nuestro amo, hasta que el Cid se despertó, se levantó y fue hacia el león. Y el león bajó la cabeza, esperó al Cid y se dejó coger por el cuello y meterse en la jaula. Cuando se volvió a sus vasallos y buscó a sus yernos, allí no estaban. ¡El Cid preguntó por ellos! Os reto, por malvado y por traidor. Aquí lo defiendo, ante el rey don Alonso, por las hijas del Cid, doña Elvira y doña Sol. Os rebajasteis al abandonarlas. Ellas son mujeres, y vosotros, varones, pero ellas valen mil veces más. Cuando sea el duelo, si Dios quiere, vos confesaréis, de vuestra boca, que sois un traidor, y yo quedaré como el defensor de la verdad.

Aquí cesó la disputa entre ambos. Don Diego González le respondió.

—Procedemos de los condes más nobles. ¡Ojalá nunca se hubieran celebrado estas bodas que nos emparentaron con el Cid don Rodrigo! No nos arrepentimos de abandonar a sus hijas. Pueden quejarse mientras vivan: siempre les echaran en cara lo que les hicimos. ¡Lo que yo defenderé frente al más valiente es que más nobles somos porque las dejamos!

Martín Antolínez se levantó entonces.

—¡Callad, mentiroso, boca sin verdad! No os olvidéis de lo del león. Salisteis por la puerta, os metisteis al corral y os escondisteis detrás de una viga del lagar. Ya no pudisteis vestir de nuevo ni el manto ni el brial que llevabais. Yo lo mantengo como reto, y así ha de ser. Las hijas del Cid, por mucho que las hayáis dejado, sabed bien que valen mucho más que vosotros. Después del combate diréis de vuestra propia boca que sois un traidor, y que habéis mentido en todo.

En esto quedó la disputa. Entonces entró en el palacio Asur González, con manto de armiño y un brial muy largo. Acababa de comer, y venía muy colorado, y lo que dijo carecía de sutilidades.

—¡Señores! ¿Cuándo se vio cosa semejante? ¿Quién nos iba a decir de Mio Cid el de Vivar? ¡Que se vaya al río de Ubierna a arreglar sus molinos y a cobrar la maquila[25], como solía hacer! ¿Quién quiso casarse con los de Carrión?

Muño Gustioz se levantó.

—¡Callad, malvado, alevoso, traidor! Almorzáis antes de ir a misa, y cuando dais la paz eructáis a todos. No decís la verdad ni a vuestro señor, ni al amigo. Mentís a todos, sobre todo al Creador. No tenga yo vuestra amistad. ¡Os haré confesar que sois como yo os describo!

—Ya basta —dijo el rey—. Los que se han retado, deberán batirse, como hay Dios.

Según dijo aquello, entraron en la corte dos caballeros; a uno le llamaban Ojarra, y al otro Íñigo Jiménez. Uno era emisario del infante de Navarra, y otro del de Aragón. Besaron las manos del rey Alfonso, y le pidieron las hijas al Cid Campeador para reinas de Navarra y de Aragón, como legítimas esposas. Toda la corte guardó silencio, y se levantó el Cid.

—Por favor, rey Alfonso, sois mi señor. Doy gracias a Dios de que me las vengan a pedir de Aragón y de Navarra. Antes me las casasteis vos, no yo. Mis hijas están en vuestras manos, y sin vuestra orden yo no haré nada.

El rey se levantó e hizo callar a la corte.

—Os ruego, Mio Cid, que deis vuestro permiso, y yo lo refrendaré. Que se concierte este matrimonio en la corte de hoy, ya que os enriquece en honra y en posesiones.

El Cid se levantó y le besó las manos.

---

[25] *maquila:* cantidad de grano, harina o aceite que corresponde al molinero por la molienda.

—Si a vos os gusta, yo doy el permiso, señor.
—¡Que Dios os lo premie! —dijo el rey—. A vos, Ojarra, y a vos, Íñigo Jiménez, os concedo en casamiento a las hijas del Cid, doña Elvira y doña Sol, como esposas legítimas de los infantes de Navarra y de Aragón.

Ojarra e Íñigo Jiménez se levantaron a besar las manos al rey, y después al Cid. Otorgaron las promesas y los juramentos de que todo se haría como habían pactado, o mejor. Muchos se alegraron de ello, pero los infantes de Carrión, no.

Minaya Álvar Fáñez se levantó.

—Os pido el favor de hablar, como señor y rey, y que no le parezca mal al Cid. Ya he escuchado a los de esta corte, y quiero a mi vez intervenir.

—Me parece bien, Minaya —dijo el rey—. Decid lo que gustéis.

—Ruego a toda la corte que me preste atención, porque tengo serios cargos contra los infantes de Carrión. Les di a mis primas por orden del rey Alfonso, para que contrajeran legítimas nupcias. El Cid Campeador las dotó, y ellos las han abandonado para hacernos daño. ¡Los reto, por malvados y por traidores! ¡Pertenecéis a la sangre de los Benigómez, de donde salieron condes valientes y honorables! ¡Pero ya vemos cómo ha degenerado! Doy gracias a Dios de que los infantes de Navarra y de Aragón pidan a mis primas doña Sol y doña Elvira. Las tuvisteis en vuestros brazos como esposas, y ahora habréis de besarles las manos y llamarlas vuestras señoras. Y aunque no lo soportéis, deberéis servirlas. ¡Gracias a Dios del cielo y al rey Alfonso, porque así mejora la posición del Cid Campeador! Sois como yo he descrito, y si hay quien lo dude o lo niegue, ¡yo soy Álvar Fáñez, que vale como cualquiera!

Gómez Pelayo se puso en pie.

—¿Qué vale, Minaya, todo ese discurso? En esta corte hay muchos que pueden medirse con vos, y si alguien lo niega, saldrá perjudicado. Si Dios nos ayuda, os arrepentiréis de lo que habéis dicho.

—No haya más disputa —dijo el rey—. Que nadie diga más. La lid será mañana, cuando salga el sol. Se han retado en la corte tres contra tres.

Hablaron los infantes de Carrión.

—Dadnos algo más de tiempo, rey. Mañana no puede ser. El Cid tiene las armas y los caballos que le hemos dado. Tendremos que ir a Carrión a batirnos.

—Que sea esta lid donde vos decidáis —dijo el rey al Cid.

—No, señor —dijo el Cid—. Yo no voy a Carrión. Me vuelvo a Valencia.

—Bien, Cid Campeador —dijo el rey—. Que vuestros caballeros armados vayan conmigo, y yo seré su protector. Os garantizo, como buen señor a su vasallo, que no sufrirán ataques ni de condes, ni de la nobleza menor, y en esta corte doy un plazo de tres semanas para que esta lid tenga lugar en las vegas de Carrión, en mi presencia. Y quien no asista, que pierda su derecho y quede por traidor, y por derrotado.

Los infantes de Carrión se dieron por enterados. El Cid besó la mano del rey.

—Muy bien, señor. Dejo en vuestras manos a mis tres caballeros, y os los encomiendo como rey y como señor. Van bien pertrechados para hacer lo que deben. ¡Enviádmelos con honra a Valencia, por el amor de Dios!

—Así sea —dijo el rey.

El Cid se sacó la cofia, que era blanca como el sol, y se soltó el cordón de la barba. En la corte no se hartaron de mirarle. Se dirigió a los condes don Ramón y don Enrique, los abrazó, y les rogó que cogieran lo que quisieran de su parte. Dijo lo mismo a los que le habían ayudado. Unos lo hicieron, y otros no. El Cid le perdonó al rey el pago de los doscientos marcos, y del resto escogió lo que más le gustó.

—Os lo suplico, rey, por amor al Creador. Si todas estas querellas han quedado arregladas, beso vuestra mano y me regreso, con vuestro permiso, a Valencia, la bien ganada.

El rey alzó la mano y se santiguó.

—Lo juro por San Isidoro de León; en todo mi reino no hay hombre mejor.

Mio Cid se adelantó a caballo para besar la mano del rey.

—Me mandasteis correr a Babieca, el veloz. No hay otro como él, ni entre moros ni entre cristianos. Aceptadlo, señor, os lo doy como regalo.

—No me gusta eso —dijo el rey—. Si yo lo cogiera, el caballo ya no tendría tan buen dueño. Este caballo es para alguien como vos, que mate a los moros en la batalla y sea su perseguidor. No quiera Dios que os lo quite, que sacamos así más provecho de él y de vos.

Se despidieron, y regresó la corte a la ciudad. El Cid Campeador aconsejó a los que debían batirse.

—Martín Antolínez, y vos, Pedro Bermúdez, y Muño Gustioz, mi buen vasallo. Sed valientes, como hombres, en el campo de batalla. ¡Que me lleguen a Valencia buenas noticias vuestras!

—¿Por qué decís eso, señor? —dijo Martín Antolínez—. Tenemos este deber y vamos a cumplirlo. Os dirán que hemos muerto, pero no que nos han vencido.

El Cid se alegró con esas palabras, y se despidió de todos los que eran sus amigos. Él partió para Valencia, y el rey para Carrión.

VII. *El final de todo (3533-3730)*

Pasaron las tres semanas de plazo. Allí estaban los del Campeador, que querían cumplir lo que le debían a su señor. Los amparaba el rey Alfonso, y llegaron dos días antes que los de Carrión.

Vinieron muy bien armados, provistos de caballos y de todos los parientes de su linaje, que les aconsejaban que si pudieran, tendieran una trampa a los del Campeador y los mataran en el campo, para deshonra de su señor. El pensamiento era malvado, pero no pudieron hacerlo por miedo a Alfonso el de León.

De noche velaron las armas y rezaron. La noche se acabó, rompió el alba. Se habían reunido muchos hombres de linaje con el deseo de ver aquella lid. Sobre todos ellos mandaba el rey Alfonso, que impartiría justicia, y no permitiría fallos. Vistieron armas los del Cid Campeador, los tres juntos, ya que obedecen al mismo amo. En otro lugar se armaban los infantes, aconsejados por el conde García Ordóñez. Pleitearon aún más y le pidieron al rey que no emplearan en la batalla las espadas Colada y Tizona. Se arrepentían mucho de haberlas devuelto. Se lo dijeron al rey, pero no se lo concedió.

—No lo dijisteis en la corte. Si tenéis buenas espadas, os harán buen servicio, como las suyas a los del Cid. ¡Salid al campo, infantes de Carrión! Es preciso que peleéis como valientes, que por los del Cid no quedará. Si salís con bien del campo, ganaréis en honra. Si sois vencidos, no me lo reprochéis, que todos saben que os lo habéis buscado.

Los infantes de Carrión se arrepentían amargamente de lo que habían hecho. Hubieran dado Carrión por no haberlo cometido.

Estaban ya armados los tres del Campeador, y el rey Alfonso fue a verlos. Los del Cid le dijeron:

—Os suplicamos, como a rey y señor, que hoy seáis imparcial. ¡Ateneos a derecho, y no permitáis ninguna injusticia! Los infantes de Carrión tienen aquí a su gente, y no sabemos qué tramarán. Nuestro señor nos confió a vos. ¡Sed imparcial, por el amor de Dios!

Les trajeron caballos buenos y veloces, y ellos montaron con brío tras santiguarse. Llevaban al cuello los escudos con centros de oro, y en la mano las lanzas, con la punta afilada. Las tres lanzas mostraban pendones. En torno a ellos se juntaron muchos hombres buenos. Llegaron al campo señalado. Los tres del Cid se pusieron de acuerdo para hacer todo el daño que pudieran. Llegaron por otro lado los infantes de Carrión, muy bien acompañados por sus parientes. El rey había asignado jueces para que decidieran lo que procedía y lo que no, y no discutieran entre ellos. Cuando todos estaban en el campo, el rey Alfonso se dirigió a ellos.

—Oíd lo que os digo, infantes de Carrión. Esta lid pudo haberse corrido en Toledo, y no quisisteis. Yo he traído a estos tres caballeros protegidos hasta Carrión. Cumplid ahora con vuestro derecho, y no busquéis provecho, porque al que quiera incurrir en tretas se lo impediré y no será bien recibido en mi reino.

Estaban arrepentidísimos los infantes de Carrión. Los jueces y el rey marcaron los límites, y luego salieron del campo. Les indicaron a los seis que quien saliera de las marcas quedaría vencido. Todos despejaron el espacio, en un torno de seis astas de lanzas desde el mojón. Sortearon los campos, dividieron el terreno, salieron los jueces y se situaron cara a cara. Los del Cid arremetieron contra los de Carrión, y estos a aquellos, cada uno de ellos pendiente del suyo. Colocaron los escudos sobre los corazones, abatieron las lanzas con el pendón revuelto, se inclinaron sobre los caballos, espolearon y salieron con tanta fuerza que tembló la tierra.

Cada uno de ellos tenía al otro enfrente. Se enfrentaron tres a tres. Los que los rodeaban pensaban que a cada momento verían a uno muerto. Pedro Bermúdez, el que retó primero, se enfrentaba a Fernando González y ambos golpearon sin miedo en los escudos. Fernando le traspasó el escudo a Pedro Bermúdez, pero dio en el vacío y no le alcanzó la carne. Se le quebró la lanza en dos. Pedro Bermúdez aguantó firme y no se ladeó por eso. Contestó al golpe recibido con otro golpe: pasó el escudo del enemigo de parte a parte, sin encontrar resistencia, y le metió la lanza en el pecho. La loriga de Fernando era triple, y aquello le salvó, porque dos capas se agujerearon, pero la tercera resistió. Le penetró en la carne la protección, la camisa y la guarnición, hasta el espesor de una mano, y comenzó a arrojar sangre por la boca. Las cinchas no le resistieron, y el caballo se derrumbó. La gente lo dio por herido de muerte. Pedro Bermúdez dejó la lanza y metió mano a la espada. Cuando Fernando González reconoció la Tizona, no esperó el golpe.

—¡Estoy vencido! —dijo, y los jueces lo dieron por bueno. Pedro Bermúdez salió.

Martín Antolínez y Diego González se atacaron con las lanzas, y los golpes fueron tan fuertes que rompieron ambas. Martín Antolínez tomó la espada, que era tan reluciente que brilló en todo el campo. Dio un golpe de través, y le arrancó el casco, con las ataduras y la cofia, que se llevó por delante. Le hendió el cabello y llegó a la carne. Parte cayó al campo, y parte se sostuvo.

Cuando vio que el golpe lo había dado la magnífica Colada, Diego González vio que no escaparía vivo. Tiró de las riendas para volverse de frente, y aunque llevaba la espada en la mano, no la usó. Martín Antolínez lo recibió con un golpe con la espada plana. El infante comenzó a gritar desesperado.

—¡El glorioso Dios me salve de esa espada!

Manejó el caballo, se alejó de la espada y cruzó el mojón. Martín Antolínez se quedó en el campo.

—Venid a mi lado —dijo el rey—. Ya habéis vencido la lid.

Los jueces confirmaron que era cierto.

Los dos habían vencido, pero faltaba Muño Gustioz, que se las arreglaba con Asur González. Se habían dado grandes golpes en los escudos, y Asur González, que era bravo y fuerte, le había traspasado el escudo a Muño Gustioz y le había dañado la armadura. Pero la lanza dio en falso, y no le hirió. Después de este golpe, Muño Gustioz asestó otro, le rompió el escudo, quebró las armas sin que puedan evitarlo, y le metió la lanza y el pendón, aunque lejos del corazón, sacando una braza de arma por la espalda. Todos pensaron que estaba herido de muerte. Muño Gustioz recobró la lanza y se alzó sobre él.

—¡No le toquéis, por Dios! —gritó Gonzalo Ansúrez—. ¡Vencido está el campo! Esto se acabó.

—Lo hemos oído —confirmaron los jueces.

El buen rey don Alfonso mandó despejar el campo, y cogió las armas que quedaban. Los del buen Campeador se iban orgullosos, porque habían vencido la lid gracias al Señor. En tierras de Carrión quedaron todos desolados.

El rey envió de noche a los de Mio Cid, para que no hubiera temores de que los asaltaran. Ellos, con mucha prudencia, cabalgaron día y noche, y llegaron a Valencia. Dejaron en mal estado a los infantes de Carrión, tal y como les había encargado su señor. El Cid se regocijó con ello. Los de Carrión perdieron todo crédito. ¡Ojalá le ocurra eso mismo, y cosas peores, a quien hace daño y abandona a una mujer honrada!

Dejemos los problemas de los infantes de Carrión, que han recibido su castigo, y hablemos del que en buena hora nació. Había grandes fiestas en Valencia porque los del Cid ganaron aquel duelo. Ruy Díaz se acarició la barba.

—¡Gracias a Dios, he vengado a mis hijas! ¡Ahora sí que han podido disfrutar de algo que les viniera de Carrión! Puedo casarlas sin vergüenza, le pese a quien le pese.

Los de Navarra y los de Aragón mantuvieron lo suyo, y hablaron con Alfonso de León. Se casaron doña Sol y doña Elvira. Si las primeras bodas fueron buenas, estas fueron mucho mejores, y la casa ganó mucha más honra que la otra vez. ¡Mirad cómo se encumbra el que en buena hora nació! Sus hijas fueron reinas de Aragón y de Navarra. Los reyes de España fueron parientes suyos. Todos se alegraron por el que en buena hora nació.

Murió en la Pascua de Pentecostés. Cristo le haya perdonado, y lo haga también con nosotros, justos y pecadores.

Éstas fueron las hazañas del Cid Campeador. Aquí termina este cantar. A quien escribió este libro, que Dios le dé el Paraíso, ¡amén! Fue Pedro Abad, en el mes de mayo de mil trescientos cuarenta y cinco.

DESPUÉS DE LA LECTURA
De la deshonra a la gloria

Lee con atención el siguiente poema de Manuel Machado inspirado en un episodio del destierro del héroe:

CASTILLA

El ciego sol se estrella
en las duras aristas de las armas,
llaga de luz los petos y espaldares
y flamea en las puntas de las lanzas.

El ciego sol, la sed y la fatiga.
Por la terrible estepa castellana,
al destierro, con doce de los suyos
—polvo, sudor y hierro—, el Cid cabalga.

Cerrado está el mesón a piedra y lodo...
Nadie responde. Al pomo de la espada
y al cuento de las picas el postigo
va a ceder... ¡Quema el sol, el aire abrasa!

A los terribles golpes,
de eco ronco, una voz pura, de plata
y de cristal, responde... Hay una niña
muy débil y muy blanca
en el umbral. Es toda
ojos azules, y en los ojos, lágrimas.
Oro pálido nimba
su carita curiosa y asustada.

—¡Buen Cid! Pasad. El rey nos dará muerte,
arruinará la casa

y sembrará de sal el pobre campo
que mi padre trabaja...
Idos. El cielo os colme de venturas...
¡En nuestro mal, oh Cid, no ganáis nada!

Calla la niña y llora sin gemido...
Un sollozo infantil cruza la escuadra
de feroces guerreros,
y una voz inflexible grita: «¡En marcha!»

El ciego sol, la sed y la fatiga.
Por la terrible estepa castellana,
al destierro, con doce de los suyos
—polvo, sudor y hierro—, el Cid cabalga.

Releyendo y meditando el poema de Machado contesta a las siguientes cuestiones:

- La estructura del poema es circular; esto es: termina igual que comienza. Pero el final del poema no es una mecánica repetición de palabras ni de sensaciones, ¿por qué razón?

- En las palabras que la niña le dice al Cid sobre los castigos que el rey les impondrá falta uno que sí aparece en el original. ¿Cuál es el que falta?

- Describe con tus propias palabras el contraste de actitudes entre la niña y el Cid. ¿Cuál de los dos resulta más desvalido?

Cantar I

- En el destierro de Mio Cid hay un episodio que no se ajusta a la verdad y que pinta al Cid como astuto y mentiroso: se trata del episodio de las arcas de arena. Resúmelo a tu modo.

- El Cid llora cuando se marcha al destierro y en varias ocasiones más. ¿Es normal que un hombre, y más aún un guerrero, llore? (Infórmate del comportamiento de otros héroes, por ejemplo, en la *Ilíada.)*

- El Cid alarga cuanto puede la despedida, ¿cuál de sus hombres le anima a marcharse ya?

- En dos batallas sale victorioso el Cid: en la toma de Castejón y en Alcocer. Después de haber matado a muchos moros, los supervivientes sienten que el Cid siga su camino y los abandone a su suerte; ¿cómo juzgas la reacción de los vencidos?

- Cuando el Cid ya tiene restaurada su fama manda a su fiel Álvar Fáñez con regalos para implorar al rey que le levante el destierro. ¿Cómo reacciona Alfonso VI?

- Cuando de nuevo se encuentran Álvar Fáñez y el Cid, los dos se alegran mucho; ¿cómo es el beso del Cid a su fiel servidor?

- No solo contra moros pelea el Cid, sino también contra cristianos, como Ramón Berenguer. Di dos rasgos psicológicos del conde catalán y otros dos de Rodrigo.

Cantar II

- ¿El Cid conquista fácilmente Valencia? ¿Cómo es el asedio al que somete a la ciudad?

- ¿Por qué razón obliga el Cid a que se haga el recuento de los guerreros que le han ayudado en el triunfo?

- Como si se tratara de una crónica de sociedad, describe la ceremonia del reencuentro entre el Cid y su mujer e hijas. Apoyándote en los hechos que presenta el poema puedes inventar algún detalle que sirva para darle actualidad a lo narrado.

136

Muchos romances medievales tienen como protagonista al Cid, aunque sea un personaje orgulloso y fanfarrón que nada tenga que ver con el héroe del *Poema de Mio Cid*.
Lee el siguiente romance en el que se pintan los amores del Cid con la reina de Zamora, doña Urraca:

URRACA Y RODRIGO[1]

—Afuera, afuera, Rodrigo,
el soberbio castellano.
Acordársete debría[2]
de aquel tiempo ya pasado
cuando fuiste caballero
en el altar de Santiago[3],
cuando el rey fue tu padrino,
tú, Rodrigo, el ahijado:
mi padre te dio las armas,
mi madre te dio el caballo,
yo te calcé las espuelas
porque fueses más honrado,
que pensé casar contigo,
no lo quiso mi pecado.
Casaste con Jimena Gómez,
hija del conde Lozano;
con ella hubiste dineros[4],
conmigo hubieras estados;
bien casaste tú, Rodrigo,
muy mejor fueras casado:

---

[1] Rodrigo es el Cid, que se dirige a Urraca como emisario de su hermano, el rey Sancho II de Castilla.
[2] *Acordársete debría:* deberías recordar.
[3] Rodrigo fue armado caballero en Santiago de Compostela. Su padrino fue el rey Fernando I, padre de Urraca.
[4] *hubiste dineros:* tuviste, conseguiste dinero.

dejaste hija de rey
por tomar de su vasallo.
—Si os parece, mi señora,
bien podemos desligallo[5].
—Mi ánima penaría
si yo fuese en discrepallo[6].
—Afuera, afuera, los míos,
los de a pie y de a caballo,
pues de aquella torre mocha
una vira[7] me han tirado:
no traía el asa hierro,
el corazón me ha pasado;
ya ningún remedio siento
siento vivir más penado.

Si los amores que presenta el romance hubieran tenido un desenlace lógico, no hubiera habido conquista de Valencia ni, por lo tanto, *Poema de Mio Cid*.

- Escribe un guión basado en los amores del Cid y doña Urraca.

- En el Cantar, el obispo don Jerónimo pide para sí el honor de infligir la primera herida en la batalla contra el rey moro Yusuf. Después ya no sabrá a cuántos moros ha matado en el combate; eso sí, la matanza se produce después de haber dicho su misa y de haber pedido la ayuda de Dios y de Santiago. ¿Te parece muy cristiano su proceder?

- Pero tal vez los tiempos no han cambiado tanto como parece; ¿qué ejemplos de guerra santa conoces hoy en día?

- El número de hombres y de armas es muy superior en el bando de los moros; ¿cuántos hombres combaten de cada lado?

---

[5] *desligallo:* deshacer el matrimonio.
[6] Si no aceptara tu ofrecimiento.
[7] *vira:* flecha (de amor).

- ¿Qué importa más al ganar una batalla?:
  — El número de enemigos muertos.
  — La riqueza obtenida.
  — La fama.

- Cuando Álvar Fáñez se encuentra con el rey y le hace regalos de parte del Cid, ¿todos los vasallos de Alfonso se alegran del poderío del héroe?

- ¿A quién se le ocurre casar a las hijas del Cid y con quiénes?

- ¿Confía el Cid en la nobleza de sus futuros yernos?

Cantar III

- ¿Qué acontece en el palacio del Cid cuando se escapa el león?

- Los infantes dan pruebas de cobardía también en la batalla; ¿quién la encubre ante el Cid para evitarle humillaciones?

- Los condes de Carrión van acumulando odio y sed de venganza. Refiere el episodio atroz de la Afrenta de Corpes.

- Relaciona la crueldad de estos hechos con la tan tristemente conocida violencia de género.

Y ahora lee atentamente el episodio en el original del *Poema de Mio Cid,* tal como fue escrito en el siglo XIV, y, a continuación, la adaptación moderna que hizo el poeta del siglo XX Pedro Salinas.

Allí les tuellen los mantos e los pelliçones,
páranlas en cuerpos y en camisas y en çiclatones.
Espuelas tienen calçadas los malos traydores,
en mano prenden las çinchas fuertes e duradores.
Quando esto vieron las dueñas, fablava doña Sol:
«¡Por Dios vos rogamos, don Díago e don Ferrando, nos!

Dos espadas tenedes fuertes e tajadores,
al una dizen Colada e al otra Tizón,
cortandos las cabeças, mártires seremos nos.
Moros e cristianos departirán desta razón,
que por lo que nos mereçemos no lo prendemos nos.
Atan malos enssienplos non fagades sobre nos:
si nos fuéremos majadas, abiltaredes a vos;
retraer vos lo an en vistas o en cortes».

Lo que ruegan las dueñas non les ha ningún pro.
Essora les conpieçan a dar ifantes de Carrión;
con las çinchas corredizas májanlas tan sin sabor;
con las espuelas agudas don ellas an mal sabor,
ronpien las camisas e las carnes a ellas amas a dos;
limpia salie la sangre sobre los çiclatones.
Ya lo sienten ellas en los sos coraçones.
¡Quál ventura serie ésta, si ploguiesse al Criador,
que assomasse essora el Çid Campeador!

* * *

Allí los mantos y pieles les quitaron a las dos,
solo camisa y brial sobre el cuerpo les quedó.
Espuelas llevan calzadas los traidores de Carrión,
cogen en las manos cinchas que fuertes y duras son.
Cuando esto vieron las damas así hablaba doña Sol:
«Vos, don Diego y don Fernando, os lo rogamos por Dios,
sendas espadas tenéis de buen filo tajador,
de nombre las dos espadas, Colada y Tizona, son.
Cortadnos ya las cabezas, seamos mártires las dos,
que esto que hacéis con nosotras no lo merecemos, no.
No hagáis esta mala hazaña, por Cristo nuestro Señor,
si nos ultrajáis caerá la vergüenza sobre vos,
y en juicio o en corte han de pediros la razón».
Las damas mucho rogaron, mas de nada les sirvió;
empezaron a azotarlas los infantes de Carrión,
con las cinchas corredizas les pegan sin compasión,

hiérenlas con las espuelas donde sientan más dolor,
y les rasgan las camisas y las carnes a las dos,
sobre las telas de seda limpia la sangre asomó.
Las hijas del Cid lo sienten en lo hondo del corazón.
¡Oh qué ventura tan grande si quisiera el Creador
que asomase por allí Mio Cid Campeador!

La reparación debida

- Cuando las hijas del Cid están ya medio muertas, ¿quién y cómo las salva?

- En la justicia que pide el Cid ante su rey, la técnica que utiliza el personaje es de suspense o de cámara lenta. Di qué cosas va exigiendo de los infantes.

- El torneo entre los tres campeones del Cid y los dos infantes y su tío tiene un gran dinamismo; escenificad en clase la lucha con el acompañamiento de una voz en *off* que narre los sucesos.

- ¿Y cuál es el verdadero desenlace de la obra?

La otra cara del Cid

Como ya he dicho, el Cid da vida a numerosos romances en los que la fantasía popular realza aquellos detalles del héroe que lo igualan y aun lo exaltan por encima del rey. Lee cuidadosamente estos dos romances y anota los rasgos que separan al Cid real del imaginario.

Romance de la Jura de Santa Gadea

En Santa Gadea de Burgos,
do juran los hijosdalgo,
allí le toma la jura
el Cid al rey castellano.

Las juras eran tan fuertes
que al buen rey ponen espanto;
sobre un cerrojo de hierro
y una ballesta de palo:
—Villanos mátente, Alfonso,
villanos, que no hidalgos,
de las Asturias de Oviedo,
que no sean castellanos;
mátente con aguijadas,
no con lanzas ni con dardos;
con cuchillos cachicuernos,
no con puñales dorados;
abarcas traigan calzadas,
que no zapatos con lazo;
capas traigan aguaderas,
no de contray ni frisado;
con camisones de estopa,
no de holanda ni labrados;
vengan cabalgando en burras,
que no en mulas ni en caballos;
frenos traigan de cordel,
que no cueros fogueados.
Mátente por las aradas,
que no en villas ni en poblado;
sáquente el corazón vivo
por el siniestro costado;
si no dijeres la verdad
de lo que eres preguntando,
si fuiste ni consentiste
en la muerte de tu hermano.
Jurado había el rey
que en tal nunca se ha hallado,
pero allí hablara el rey
malamente y enojado:
—Muy mal me conjuras, Cid,
Cid, muy mal me has conjurado;

mas hoy me tomas la jura,
luego besarme has la mano.
—Por besar mano de rey
no me tengo por honrado,
porque la besó mi padre
me tengo por afrentado.
—Vete de mis tierras, Cid,
mal caballero probado,
y no vengas más a ellas
desde este día en un año.
—Pláceme, dijo el buen Cid,
pláceme, dijo, de grado,
tú me destierras por uno,
yo me destierro por cuatro.
Ya se parte el buen Cid,
sin al rey besar la mano,
con trescientos caballeros,
todos eran hijosdalgo,
todos son hombres mancebos,
ninguno no había cano;
todos llevan lanza en puño
y el hierro acicalado,
y llevan sendas adargas,
con borlas de colorado;
mas no le faltó al buen Cid
adonde asentar su campo.

De cómo el Cid vengó a su padre

Pensativo estaba el Cid viéndose de pocos años
para vengar a su padre matando al conde Lozano;
miraba el bando temido del poderoso contrario
que tenía en las montañas mil amigos asturianos;
miraba cómo en la corte de ese buen rey don Fernando
era su voto el primero, y en guerra el mejor su brazo;
todo le parece poco para vengar este agravio,

el primero que se ha hecho a la sangre de Laín Calvo;
no cura de su niñez, que en el alma del hidalgo
el valor para crecer no tiene cuenta a los años.
Descolgó una espada vieja de Mudarra el castellano,
que estaba toda mohosa, por la muerte de su amo.
«Haz cuenta, valiente espada, que es de Mudarra mi brazo
y que con su brazo riñes porque suyo es el agravio.
Bien puede ser que te corras de verte así en la mi mano,
mas no te podrás correr de volver atrás un paso.
Tan fuerte como tu acero me verás en campo armado;
tan bueno como el primero, segundo dueño has cobrado;
y cuando alguno te venza, del torpe hecho enojado,
hasta la cruz en mi pecho te esconderé muy airado.
Vamos al campo, que es hora de dar al conde Lozano
el castigo que merece tan infame lengua y mano».
Determinado va el Cid, y va tan determinado,
que en espacio de una hora mató al conde y fue vengado.